Paulas Erkenntnisse für ein leichteres Leben

DAS LEBEN AUF DER *NEUEN ERDE*

EINE NAVIGATIONSHILFE AUS DER URQUELLE VON ERZENGEL SANDALPHON

Paula Himmelreich

Die Welten trennen sich.

Wenn du dich wunderst und fragst, ob, und seit wann, wir auf 2 Welten leben, bekommst du in diesem Buch eine umfassende Erklärung für dieses Phänomen.

Messbare Energien nehmen im Rekordtempo zu.

Die Schuhmann-Frequenz, mit ihrer extremen Schwankung, aber auch permanenten Steigerung, reißt selbst hart gesottene Meister der Ruhe und Gelassenheit, aus ihrer sonst völlig entspannten Mitte. Das abnehmende Erdmagnetfeld setzt noch eins darauf.

Zahlreiche Menschen fühlen sich orientierungslos, sie wissen die Veränderungen, die jetzt auch im Außen sichtbar sind, nicht einzuordnen.

Zahlreiche Fragen tauchen auf- Antworten sind nur sehr schwer zu finden.

Die Autorin bekam erneut einen Auftrag der geistigen Welt des Lichts eine wichtige Botschaft aufzuschreiben.

Erzengel Sandalphon nimmt die Paula an die Hand. Sie spazieren auf der neuen Erde.

In einer erfrischenden Art erzählt die Autorin von den Erlebnissen dieser "außergewöhnlichen" und gar nicht "alltäglichen" Reise in eine höhere Dimension.

Die Wanderung führt über 7 Brücken-die immer *nach* einer Erkenntnis überquert wurden.

Am Ende bekommst du den Generalschlüssel für das Tor zur neuen Erde.

Die neue Erde ist ein wundervoller Ort, auf dem die Menschen bald leben werden. Wie der Alltag in dieser neuen Schwingungsebene sein wird und wie du an diesen wundervollen Ort gelangen kannst, das alles erfährst du hier.

Nimm jetzt deinen Verstand und sperre ihn weg, dann öffne dein Herz.

Jetzt kannst du das Buch lesen.

Du weißt ja:

Man sieht nur mit dem Herzen gut...

Dann wirst du während des Lesens die hohe Energie der neuen Erde fühlen können.

Die Autorin

Paula Himmelreich ist bekannt für ihre Publikationen zum Thema Bewusstsein.

Paulas Erkenntnisse die das Leben leichter machen

Viele Jahre ihres Lebens wurde sie von zahlreichen Krankheiten geplagt, sie hatte zahlreiche Ängste und Panikattacken, ihre Gefühlswelt war ein einziges Chaos- kurz ihre Erwartungen an das Leben erfüllten sich nie. So konnte und wollte sie nicht weiter leben. Eine Lösung war dringend erforderlich. Sie begab sich auf die Suche nach einem „Rezept“ wie sie endlich gesund und glücklich werden konnte.

Die Suche hat sie durch alle Themen gejagt. Je weiter sie kam, umso unglaublicher wurden ihre Erkenntnisse. Sie verstand- alles was sie bisher als wahr und richtig befand, musste sie wieder verlernen. Es begann die Zeit der Suche nach der Wahrheit, die sie jahrzehntelang beschäftigte. Die Möglichkeiten die sie fand, erlösten sie von allen ihren Problemen. Sie wurde wieder vollständig gesund. Sämtliche Ängste, Wut, Ärger, Frustrationen- kurz ihr ganzer

Weltschmerz löste sich auf. Sie führt jetzt ein zufriedenes, harmonisches und ein sehr glückliches Leben. Sie fand einen einfachen und praktikablen Weg diese Gefühle, die für das Leid aller Menschen verantwortlich sind, aufzulösen.

Sie ist jetzt geistige Heilerin und Schreibmedium.

Die grundlegendste Erkenntnis, die sie gewann:

Alles was wahr ist immer einfach

Ihre Erfahrungen möchte sie mit den Menschen teilen, um ihnen auch den Weg zu zeigen endlich gesund und glücklich zu sein.

Haftungsausschluss

Bei psychischen oder körperlichen Beschwerden ist es ratsam einen Arzt aufzusuchen. Dieses Buch stellt keinen ärztlichen Ratgeber dar, und ist kein Ersatz für eine ärztliche Diagnose. Jegliche Haftung ist ausgeschlossen.

Herausgeber:

Veronique Geist,

Marktstr. 28, 86866 Mickhausen

paulahimmelreich@web.de

paulas.gratislicht.de

Inhaltsverzeichnis

Vorwort

Die neue Erde

Die 1. Brücke auf dem Weg zur neuen Erde:

Lerne zu leben, mit jeder Faser deines Seins

Die 2. Brücke auf dem Weg zur neuen Erde:

Schmeiß deine Ängste über Bord

Übe schon mal das Manifestieren

So einfach erschaffst du dir deine Realität

Die 3. Brücke auf dem Weg zur neuen Erde:

Lerne dich dem Fluss des Lebens hinzugeben

Die 4. Brücke auf dem Weg zur neuen Erde:

Vergiss alles Erlernte komplett und lerne alles wieder neu

Die 5. Brücke auf dem Weg zur neuen Erde:

Es gibt nichts zu vergeben, alles ist in Ordnung so wie es ist

Die 6. Brücke auf dem Weg zur neuen Erde:

Das Spielfeld Erde

Die 7. Brücke auf dem Weg zur neuen Erde:

Was ist momentan los auf unserer Erde?

Die Welten trennen sich...

... auch die Menschen

Aufstiegssymptome

die sich wie Krankheiten anfühlen können

Aufstiegssymptome

auch die Emotionen fahren Achterbahn

Was wird beim Aufstieg passieren?

Was ist zu beachten?

Sei achtsam in welcher Energie du dich bewegst.

Versuche immer wieder die höhere Frequenz zu erreichen

Eine Praxisanleitung um die Schwingung zu erhöhen.

Praxisnahe Tipps

So schaut sie aus die neue Erde

Der Alltag auf 5 D

Der Aufstieg der Erde und seiner Bewohner

Das Ereignis

Schlusswort

von Erzengel Sandalphon

Schlusswort

von Paula Himmelreich

Vorwort

Als ich Anfang 2018 den Auftrag der geistigen Welt des Lichts bekam, eine Botschaft an die Menschheit aufzuschreiben, entstand das Buch:

Die neue Erde ist schon da

diese Niederschrift endete mit der Aufforderung:

...die Liebe in die Welt zu bringen...

Ein Jahr ist vergangen und ich bekam erneut einen Auftrag den Menschen in diesen stürmischen Zeiten eine Navigationshilfe an die Hand zu geben.

Während der letzten 12 Monate stiegen die Energien der Erde sehr extrem an. Ein Top-Wert jagte den Nächsten. Kaum gibt es Zeit für eine Verschnaufpause.

Körper und Psyche werden mit den Achterbahnfahrten der Frequenzen, stark beansprucht.

Jetzt sind das Licht und die Liebe auf der Erde fest verankert. Die hohen Frequenzen sind tatsächlich angekommen. So lange haben wir darauf gewartet.

Wir können in dieser hohen Schwingung wirklich leben, das ist jetzt möglich.

Eines kann ich dir schon einmal verraten:

Auf der neuen Erde ist alles ganz leicht.

Wirklich unbeschreiblich wunderschön, richtig magisch.

Wir leben nicht nur in der "sichtbaren" Welt. Gut es ist das was wir Menschen als unsere Realität kennen.

Richtig ist, wir sind ständig umgeben von der geistigen Welt, die sich um uns kümmert, beschützt und auch manchmal ein bisschen "schubst" wenn wir taub sind für ihre Mitteilungen.

Sie sehen, wie viele Menschen in diesen wirklich extremen Zeiten, leiden und ziemlich orientierungslos sind.

Unsere Freunde in der geistigen Welt des Lichts sind unendlich liebevolle Wesen.

Sie haben großes Mitgefühl mit den Menschen, die in der Dichte diese Energiekapriolen aushalten müssen.

Um den Menschen ein wenig Hilfe an die Hand zu geben, teilen sie sich manchmal den Menschen mit.

Ein Jahr ist vergangen seit meinem letzten Schreibauftrag, jetzt soll ich erneut eine Botschaft nieder schreiben.

Eine Botschaft aus der Urquelle -

eine Navigationshilfe für die neue Erde

von Erzengel Sandalphon

Diesem Auftrag der Urquelle habe ich sehr gerne Folge geleistet und alles aufgeschrieben was mir gesagt und vor allen Dingen gezeigt wurde.

Diese Niederschrift habe ich bewusst keinem Lektorat zur Korrektur gegeben, um die sehr hoch schwingende Energie die diese Aufzeichnung hat, nicht zu verfälschen.

Lies dieses Buch mit deinem Herzen.

Gehe jetzt in Resonanz zur bedingungslosen höheren Liebe und fühle die Energie die dir diese Zeilen übermitteln.

Nimm deinen Verstand und stecke ihn eine Weile in einen Schrank, sperre die Türe zu und hol ihn erst wieder heraus, wenn du das Buch fertig gelesen hast.

Dann und erst dann kannst du verstehen.

Du wirst die Wahrheit erkennen.

Du wirst spüren, diese Worte sind nicht von dieser Welt.

Das ist schön, wenn du dich darauf einlässt, wirst du bei jeder Zeile die Liebe spüren und deine Frequenz wird steigen und steigen.

Diese Botschaft kommt aus der Urquelle - der Quelle allen Seins.

Hier ist der Anfang und das Ende.

Hier hat einmal alles begonnen.

Diese Mitteilung schwingt in der Frequenz der bedingungslosen höheren Liebe und ist somit völlig rein.

Freu dich darauf, welche Botschaft die geistige Welt für dich hat, es macht immer großen Spaß ihnen zuzuhören. Sie haben viel Humor.

Immer wieder fordern sie uns auf, nicht alles so eng und verbissen zu sehen, sondern alles leicht zu nehmen. Desshalb können sie ja fliegen und wir nicht...

Es ist doch alles nur ein Spiel.

Du bist zu diesem Büchlein geführt worden, das hat einen Grund.

Verstehen kannst du es nur selbst.

Ich wünsche dir jetzt eine schöne Reise in die neue Welt, freue dich darauf.

Es wird spannend und wunderschön zugleich.

Unsere Freunde sagen mir was ich dir schreiben soll.

Ich bin hier aber nur der "Schreiberling" sonst nichts. (grins)

Lass dich jetzt an der Hand nehmen,

öffne dein Herz,

und gehe mit mir den Weg auf die neue Erde.

Deine Paula

Die neue Erde

Ich bin mir sicher, dein neuer Wohnort wird dir gefallen.

Es ist der **perfekte** Ort.

Ganz einfach ausgedrückt:

Es ist das Paradies

Alles was du siehst ist wunderschön, wirklich **alles**.

Es ist ein Ort der *Liebe*.

Und: Es ist alles ganz leicht. Alle Sorgen und Mühen gehören der Vergangenheit an. Da funktioniert alles von alleine. Ohne Hetze und sehr, sehr langsam.

Ich gehe davon aus, dass es dein neuer Ort zum Leben sein wird, sonst würdest du nicht diese Zeilen lesen. Menschen die in der alten Welt leben und auch weiterhin dort verweilen möchten, lesen ganz sicher nicht dieses Buch. Sie werden weiterhin in ihren Dramen gefangen bleiben- das Neue und Schöne werden sie nicht einmal bemerken.

Du spürst vielleicht schon seit langem, dass hier irgendetwas nicht stimmt. Innerlich bist du unruhig und vielleicht auch ungeduldig, kannst diese Gefühle aber nicht einordnen. Da kann ich dir gerne helfen.

Komm, bevor wir losmarschieren, setzen wir uns doch auf dieses schöne Holzbankal unter dem Apfelbaum.

Die Sonne scheint, unter dem Baum ist es schön schattig. Der freundliche Weggeselle aus der Urquelle, setzt sich zu uns: "Ihr Menschen setzt euch viel zu wenig auf die Bänke. Das habt ihr verlernt. In der neuen Welt stehen viele Bankal und sie sind voller Menschen die es sich gemütlich machen, ausruhen oder die einfach ein bisschen miteinander ratschen. Nur so, einfach ganz ohne Grund.

Sitzen um des Sitzens willen.

Ohne einen Zweck zu erfüllen, keine Whats App schreiben, kein Telefonat führen und keine Zeitung lesen... Einfach nur da sein. Vielleicht kommt ein Spaziergänger vorbei, der freundlich grüßt und sich ganz spontan dazu gesellt. So können sich wunderbare Gespräche entwickeln, Bekanntschaften entstehen oder man sitzt einfach ***nur so*** nebeneinander.

Wunderschön!

Der vollendete Augenblick, ein totales Eintauchen in das Hier und Jetzt.

Perfekt! Das ist Leben.

Weißt du, viele Menschen sterben, ohne je gelebt zu haben. Sie hetzen von einem Moment zum Nächsten. Sie verplanen sämtliche Zeit die ihnen zur Verfügung steht. Ihre Gedanken sind immer in der Zukunft. Wenn sie einkaufen sind sie gedanklich schon beim Kochen, während sie kochen sind ihre Gedanken schon beim Essen und währenddessen, dass sie essen, spielen sie mit ihrem Handy und im Hintergrund läuft auch noch die Flimmerkiste.

So vergeht ein Tag nach dem Anderen...

...ein Jahr nach dem Anderen...

und eines Tages klingelt es und ein großer schwarzer Mann mit einer Sense steht vor ihrer Türe. Wenn du jetzt rätselst, wer das sein könnte:

Eine kleine Hilfestellung: Es ist **kein** Mann aus Afrika und **nein** es ist auch nicht der nette Nachbar, der sich angeboten hat dein Gras mit der Sense zu mähen...

So dann wird es wirklich eng...

Wenn man dann nicht das Glück hat und der Sensenmann ist der Boandlkramer mit dem man auf die Schnelle um ein paar weitere Lebensjahre ***karteln*** kann, ist die Chance verspielt. Ich würde mal sagen: Setzen 6, Klassenziel nicht erreicht.

Das gibt dann eine Ehrenrunde!

Vergiss die Gebote die euch die Sekten eingetrichtert haben: Du sollst nicht Ehebrechen ec., du kennst das ja alles wahrscheinlich auswendig. Nein, es geht um etwas ganz anderes hier auf der Erde:

Du bist hier einzig und alleine um zu ***leben***.

Sonst nichts. Du wurdest geboren und wirst irgendwann sterben.

Die Zeit dazwischen nennt man Leben. So einfach ist das.

Ganz nebenbei bemerkt, macht es auch wenig Sinn möglichst viele materielle Reichtümer anzusammeln.

Denn: Du kommst nackig und gehst auch wieder nackig. Da ändert sich gar nichts. Wie du an dieser Tatsache sehen kannst: Irgendetwas mitzunehmen wird extrem schwierig, wenn man keine Taschen dabei hat...

Auch wirst du feststellen, wenn du wieder bei uns lebst, dass deine materiellen Güter hier in der geistigen Welt überhaupt keinen Wert haben. Wir erschaffen uns alles was wir uns wünschen, wir sammeln oder horten nichts. Das ist lediglich eine Eigenart von euch Menschen in der 3. Dimension, also für uns eher ein etwas ***rückständiges*** Verhalten.

Obwohl es so einfach scheint, ist es doch scheinbar schwer für euch, einfach nur zu leben.

Warum ist das so?

Die Gedanken führen dich weg vom Leben selbst, indem sie dich in die Vergangenheit oder in die Zukunft führen.

Immer und immer wieder, tagein- tagaus.

Es rattert und rattert im Oberstübchen und will nicht aufhören.

Sie führen dich nur an Orte, die es nicht gibt:

Die Vergangenheit und die Zukunft.

Wenn du über Vergangenes nachsinnst, ist das totale Energieverschwendung.

Nichts, rein gar nichts, lässt sich an vergangenen Episoden ändern. Außer du hast eine Zeitmaschine und reist in die Vergangenheit, dann schon!

Ebenso verhält es sich mit der Zukunft:

Sie ist einfach noch nicht da, also solltest du dich besser damit beschäftigen, wenn die Zukunft zur Gegenwart geworden ist und du im gegenwärtigen Moment lebst..

Doch, um wirklich zu leben, musst du aus deinen Gedanken aussteigen.

Gut, natürlich kann man mit der Kraft der Gedanken und seinen Gefühlen die Zukunft positiv beeinflussen. (Natürlich auch negativ) Aber dazu später mehr.

Nein, ich meine das unproduktive Geratter im Kopf, das ständige *sich Sorgen machen* dass irgendetwas nicht klappt:

- Schafft mein Kind das Gymnasium? Oder muss der arme Zögling am Ende noch als Bänker arbeiten?

- Kann ich meinen Job behalten oder bin ich bei der nächsten Kündigungswelle mit dabei?

- Hoffentlich ist in 14 Tagen das Wetter noch schön, sonst ist unser Urlaub ***versaut*** und wir müssten am Ende noch die Spielesammlung herausholen...

Egal wie oft du denkst***: Wie das Wetter wohl wird?*** Das Wetter wird so werden, wie es halt wird, also kannst du dir jeglichen Gedanken zu diesem Thema sparen und deine Ressourcen lieber anderweitig einsetzen.

Bla, bla,bla....

Du siehst selber: Viele Gedanken die dich keinen Deut weiterbringen-

Ganz im Gegenteil: Dieses Gedankengewirr führt dich weg von der neuen Erde, es hält dich in der Dichte gefangen. Das ist das Problem, das es zu lösen gilt, und dann ist der Weg frei in das wunderschöne Leben ohne Zwänge und Begrenzungen.

Ich weiß du bist ungeduldig und möchtest endlich die neue Erde sehen.

Deshalb sind wir hier.

Ich sage dir etwas, hör gut zu:

Es gibt 7 Brücken, die du überqueren musst um auf die neuen Erde zu gelangen (Kommt mir gerade das Lied: Über 7 Brücken musst du geh n... in den Sinn. Lustig.

Wenn du die Lektion verstanden hast, siehst du die Brücke und kannst sie passieren. So einfach ist das.

Die Wahrheit ist immer einfach,

ist es nicht einfach,

dann ist es einfach nicht wahr.

(Paula Himmelreich)

Lass dich jetzt von einem lieben Freund aus der geistigen Welt des Lichts an die Hand nehmen, er zeigt dir den Weg ins Paradies.

"Wenn du bereit bist und Lust hast, dann zeige ich dir jetzt den Weg zur 1. Brücke."

Die 1. Brücke auf dem Weg zur neuen Erde:

Lerne zu leben, mit jeder Faser deines Seins

"Es gibt immer nur den gegenwärtigen Moment, sonst nichts.

Das ist die Wahrheit.

Lebe im Hier und Jetzt.

Ich habe 10 Aufgaben für dich...

und sehe dann was passiert...

Nimm dir ganz bewusst 1 Aufgabe für einen ganzen Tag, vor.

Nach 10 Tagen kannst du mit mir über die 1. Brücke gehen. Viel Spaß dabei."

1. Esse ganz bewusst ein Eis,

"ohne dabei zu sprechen, zu lesen oder umherzuschauen. Konzentriere dich voll und ganz auf den Geschmack.

Genieße mit allen deinen Sinnen. Falls du kein Eis magst, dann wähle eine Frucht, die du gerne isst.

Versuche einen Tag lang, deine ***Alltagsarbeiten*** wirklich ganz bewusst zu verrichten. Spüle ganz bewusst das Geschirr, ohne an etwas anderes zu denken, konzentriere dich nur auf diese Arbeit. Schneide das Gemüse langsam und behutsam, sei ganz da. Fahre im Auto so, als ob du gerade erst eine Fahrstunde nehmen würdest. Jede Handlung soll nicht automatisch geschehen, sondern sehr bewusst. Wenn du das schaffst, im Alltag immer ganz da zu sein, dann wird dein Leben zu einer einzigen Meditation.

Dann bist du immer im Jetzt,

dann erst lebst du wirklich."

2. Mach doch mal etwas ganz Verrücktes, vielleicht sogar etwas Illegales.

(Eine Anmerkung von mir: Hu hu, die geistige Welt ruft zu illegalen Dingen auf! Ist es doch eine Durchsage der Gegenseite? Nein, ich kann dich beruhigen, die geistige Welt haut manchmal ganz lustige Sachen raus. Die sind nicht so "verklärt" und "vergeistigt" wie es die Kirchen immer darstellen. Es sind unendlich liebevolle und lustige Wesen. Übrigens erzeugt das Lachen eine sehr sehr hohe Schwingung. Vielleicht ein Grund, warum im Fernsehen kaum noch Lustiges läuft...)

"Gut, vielleicht solltest du nicht gerade eine Bank ausrauben, das könnte dann ins Auge gehen, wenn du jahrelang das Hier und Jetzt auf 5 Quadratmetern üben musst...

Selbst bei Rot über die Ampel zu fahren, ist auch keine gute Idee. Sonst bist du am Ende schneller vor dem Himmelstor, als dir lieb ist..

Ich bin mir sicher dir fällt etwas ein. Mach einfach etwas, was du sonst noch nie gemacht hast. Geh z. B. einfach mal ohne Badeklamotten zum Baden oder mach doch einfach mal frei von der Arbeit (mit gelbem Zettel) und genieße den Tag ganz bewusst. Fahr mit einem Tretboot oder gondel auf die Zugspitze. Ohne Planung und ohne Familie. Keiner weiß etwas. Schenke dir selbst einen ganzen Tag."

An dieser Stelle möchte ich dir diese schöne Geschichte nicht vorenthalten, sie verdeutlicht die Worte der geistigen Welt noch einmal.

Brief einer alten Frau –

Was sie anders machen würde,

wäre sie nochmal jung

„Wenn ich mein Leben noch einmal leben könnte, würde ich versuchen, beim nächsten Mal mehr Fehler zu machen. Ich würde nicht mehr so perfekt sein, sondern viel entspannter, nachgiebiger. Ich wäre alberner, als ich es bei diesem Trip war.

Es fallen mir nur sehr wenige Dinge ein, die ich so ernst nehmen würde.

Ich wäre verrückter und weniger auf Hygiene bedacht. Ich würde mehr Chancen ergreifen, mehr Reisen machen, mehr Berge besteigen, in mehr Flüssen schwimmen. Ich würde Orte besuchen, die ich noch nie gesehen habe. Ich würde mehr Eiskrem und weniger Bohnen essen.

Ich hätte mehr reale und weniger eingebildete Probleme.

Wissen Sie, ich gehörte zu jenen Menschen, die vorbeugende Maßnahmen ergriffen, vernünftig und gesund lebten. Stunde um Stunde. Tag um Tag. Oh, ich hatte meine Augenblicke, und wenn ich noch einmal leben könnte, würde ich mehr von diesen Augenblicken sammeln. Augenblick um Augenblick.

Ich gehörte zu jenen Menschen, die niemals ohne Thermometer, Wärmflasche, Mundwasser, Regenmantel und Fallschirm unterwegs sind.

Falls ich noch einmal leben könnte, würde ich mit leichterem Gepäck reisen.

Wenn ich noch einmal leben könnte, würde ich im Frühling früher anfangen, barfuß zu laufen, und im Herbst später damit aufhören. Ich würde öfter Karussell fahren, mehr Sonnenaufgänge anschauen und öfter mit Kindern spielen. Wenn ich mein Leben noch einmal leben könnte.

Aber das kann ich nicht… ich bin 95 Jahre alt und weiß, dass ich bald sterben werde.“

Autorin: Nadine Stair, 86

Nach Jorge Luis Borges

3. Sei doch einmal so richtig kindisch.

"***Werdet wie die Kinder,*** hast du vielleicht schon einmal wo gelesen. Das hat mal ein Mann gesagt der viele schlaue Dinge predigte...

Die meisten Menschen sind viel zu ernst, sie sehen alles viel zu eng. Alles muss perfekt sein, es ist kein Spielraum mehr für Dinge die Spaß machen. Der ganze Tag ist durchstrukturiert, jede ist Minute verplant.

Spontanität: Fehlanzeige.

Wann hast du das letzte Mal so richtig gelacht? So, dass dir gleich die Tränen runter gekullert sind und dir der Bauch richtig weh getan hat?

Kennst du das, wenn man einen Lachkrampf kriegt und einfach nicht mehr aufhören kann zu lachen? Besonders dann, wenn es "unangebracht" ist zu lachen, dann prustet es einfach heraus und hört und hört nicht auf. Das ist sehr befreiend und tut richtig gut!

Wir haben viel Spaß bei uns und es wird viel gelacht.

Vergiss nicht, das Leben ist da um Spaß zu haben, es soll lustig sein. Schau doch mal im Fernsehen etwas an, wo du so richtig lachen kannst. Wenn du nichts findest, dann nimm halt mal das Kinderprogramm oder die alten Kamellen, wie Dick und Doof oder Mr. Bean.

Oder ärgere Mal kleine Kinder ein bisschen, das macht auch immer Spaß. Du könntest zum Beispiel, falls du einen eigenen Sprössling hast, nach der Schule über ihn herfallen und mal so richtig durchkitzeln.

Wenn du einkaufen gehst, kannst du ja auch mal bisschen Gaudi mit der Kassiererin machen.

Ich bin mir sicher ich muss dir keine Anleitung geben, wie man Spaß macht."

4. Aufgabe: Mache einen Tag lang andere Menschen glücklich

"Sei ganz bewusst im Umgang mit deinen Mitmenschen.

Egal ob bei Familienangehörigen, Bekannten oder bei Fremden- setze dein schönstes Lächeln auf und öffne dein Herz ganz weit und fühle einfach nur Liebe für dein Gegenüber. Sieh den Menschen in diesem Moment als den wichtigsten Menschen in deinem Leben an.

Denn das ist er auch: Der wichtigste Mensch in deinem Leben denn:

JETZT gibt es niemanden anderen, als dein Gegenüber. Also widme ihm deine ganze Aufmerksamkeit, schau ihm/ihr bewusst ganz tief in die Augen. Höre ganz zu mit allen deinen Sinnen. Fühle alles, was es zu fühlen gibt Sei zu 100 % ganz da. Schweife nicht mit deinen Gedanken ab, sondern sei ganz bei der Geschichte deines Gegenübers.

Du wirst sehen, wie dieser Mensch zu strahlen beginnt und sich vielleicht öffnet. Er spürt-da hat sich jemand wirklich interessiert. Und er spürt die Liebe...

Deine Liebe. Was kann es Schöneres geben, als Liebe zu schenken. Einfach so und ohne etwas zu erwarten.

Leg einen besonderen Augenmerk auf deinen Partner, falls du einen hast. Vielleicht kannst du dich noch an die Anfangszeit eurer Beziehung erinnern? Weisst du noch wie es war als du Schmetterlinge im Bauch hattest und die Welt noch rosarot war? Im Laufe der Zeit nahm dieses Gefühl ab, die Farben der Welt wurden immer dunkler. Warum?

Versuch dieses "ganz dasein" bei deinem/r Lebensgefährten/in. Sieh ihm/ihr doch mal wieder in die Augen wie am ersten Tag. Ganz tief und voller Liebe. Hör wirklich ganz zu, sei ganz da, auch wenn es vielleicht Geschichten sind, die du schon 1000 mal gehört hast und die dich manchmal richtig langweilen. Sei einfach mal die paar Minuten ganz da. Schenke deinem Partner ganz bewusst deine Zeit.

Vielleicht kommt ja das Gefühl des Verliebtseins wieder zurück?"

So jetzt ist Halbzeit, kommen wir zur 5. Aufgabe:

Sei wie die Sonne

"Lustig, hör ich dich sagen: Ich soll wie die Sonne sein?

Ja genau so habe ich es gemeint. Weißt du was die Sonne macht?

Sie scheint jeden Tag auf die Erde. (Gut manchmal wird sie durch Wolken verdunkelt, aber scheinen tut sie trotzdem.)

Es ist ihr nämlich völlig egal, ob ein Tiefdruckgebiet kommt. Völlig unbeeindruckt scheint sie, oder man könnte auch sagen, lacht sie vom Himmel.

Sie macht keinen Unterschied wen sie mit ihren Strahlen wärmt und glücklich macht. Ob die Tiere, die Pflanzen, kleine Menschen, alte Menschen, liebenswürdige Menschen oder Idioten. Sie scheint auf alle und jeden.

Das soll jetzt deine Aufgabe sein. Klar ist es einfach ein strahlendes Lächeln in die Welt hinauszutragen, wenn es einem gut geht, vielleicht sogar auf einer Südessinsel in der Hängematte baumelt, und alles Friede Freude Eierkuchen ist. Aber wenn mal ein Tiefdruckgebiet kommt, kann das Lächeln schon mal einfrieren...

Ganz besonders, wenn euch wieder mal ein, sagen wir lieber mal "unbewusster Mensch" (das hört sich besser an als I..) auf eure Nerven geht.

Vielleicht hat das aber einen anderen Grund, warum selbiger euch nervt. (aber dazu später mehr)

Liebe einfach, ohne zu urteilen oder zu werten. Die Liebe, die du verschickst, kommt garantiert wieder zu dir zurück, das ist ein kosmisches Gesetz.

Du wirst ein himmlisches Gefühl erleben. Freue dich darauf."

6. Beobachte die Welt ohne einzugreifen:

"Versuche heute einmal den ganzen Tag lang dich *nicht* in das Leben einzumischen. Setze dich geistig in einen Liegestuhl und beobachte das Treiben, ohne etwas zu tun. Gehe gedanklich in keine Dramen hinein, sondern beobachte sie, als ob du einen Film im Fernsehen anschaust.

Vor allen Dingen sprich mit Niemandem über die Dramen des Lebens. Einfach nur schauen. Das ist sehr interessant, vor allen Dingen hat es den Effekt, dass du gefühlsmäßig nicht hereingezogen wirst, und folglich in deiner Kraft bleibst.

Sagen wir einmal du bekommst einen lautstarken Streit deiner Nachbarn mit und hast das dringende Bedürfnis dieses Ereignis abends deinem Mann zu erzählen. Lass es sein. Sprich nicht darüber.

Oder: Deine Kinder schreien sich an und ziehen wie verrückt an einem Teddybären. Lass sie doch einfach. Misch dich nicht ein. Sie hören schon wieder auf. Beobachte sie, aber misch dich nicht ein.

Oder: In der Arbeit ist eine Kollegin von dir mit dem linken Fuß aufgestanden. Sie mault dich an, weil du am Vortag einen Auftrag nicht fertig bearbeitet hättest... Dann rechtfertige dich nicht, sag nichts dazu. Nicke freundlich und gehe weiter deiner Arbeit nach.

So kannst du Gelassenheit üben.

Du bist nicht mehr angreifbar, wenn du nicht mehr in die Dramen hineinspringst.

Du wirst feststellen, mit dieser Taktik lösen sich von ganz alleine Konflikte auf.

Das ist wie Zauberei."

7. Zeit für einen Kundendienst

"Wann hast du das letzte Mal dein Seelengefährt richtig umsorgt und versorgt? Ich bin mir sicher, du lässt keinen Kundendienst bei deinem Auto aus.

Aber wann hast du dich das letzte Mal so richtig um deinen Körper gekümmert?

Ihr habt, da so kleine Heftchen in denen steht, nach wie vielen Kilometern ihr einen Check-in der Werkstatt machen sollt. Wenn ihr diese Empfehlung ignoriert, werden früher oder später einige Teile am Auto kaputtgehen, das ist völlig normal.

Ihr Menschen glaubt, wenn ihr so etwas Lustiges wie einen Vorsorgecheck beim Arzt machen lasst, wäre das in etwa dasselbe wie beim Auto.

Tja, nicht ganz, da muss ich dich enttäuschen.

Ich meine damit du sollst dich um dein Gefährt kümmern ***bevor*** es kaputtgeht. Du kannst nicht erwarten, dass dieses Wunderwerk Körper, jahrzehntelang problemlos läuft, wenn du dich nicht gut oder vielleicht gar nicht kümmerst.

Ihr Menschen habt die komische Eigenschaft, dass ihr euch erst dann kümmert, wenn es richtig weh tut. Dann lauft ihr los und kauft Pillen, legt euch ins Krankenhaus oder macht andere Dinge die langfristig nicht wirklich funktionieren.

Das ist so ähnlich, als wenn ihr jeden Tag einen Liter Öl im Auto nachgießt, anstatt das Loch zu schweissen wo es herausläuft. Ihr müsst an die Ursache der Erkrankung gehen und nicht nur eure Symptome bekämpfen.

Ihr geht nicht gut mit euch um. Euer ganzes Leben schmeißt ihr jede Menge Gift in euch rein und wundert euch dann, wenn es dann gar nicht mehr geht. Ohne darüber nachzudenken, esst ihr Lebensmittel die mit Gift bespritzt werden und wundert euch dann, dass euer Körper streikt!

Überdenke einmal grundlegend dein Verhältnis zu deinem Körper. Sei einmal ganz bewusst *gut* zu dir selbst. Esse mal einen Tag lang nur ungiftiges frisches Obst und Gemüse. Vielleicht magst du schwimmen gehen oder gönnst dir eine entspannende Massage. Gehe doch mal ein paar Stunden wandern oder lege dich in die Sonne und genieße die wärmenden Strahlen auf deinem Körper.

Körper, Geist und Seele gehören zusammen. Nur wenn du auf jeden einzelnen Aspekt genug Aufmerksamkeit legst, kannst du ein schönes Leben führen.

Denn ganz ehrlich, wenn es wo zwickt und zwackt, macht es ja nur halb so viel Spaß."

8. Heute ist Auszeit

Widme einen Tag dem Nichtstun. Ja du hast richtig gehört. Nur einfach sein.

Nur atmen, essen und trinken.

Nimm dir mal einen Tag wirklich nichts vor. Wenn du das Zuhause nicht kannst, dann fahre irgendwohin wo du Ruhe hast. Dann gammel mal so richtig vor dich hin. Setz dich auf eine Parkbank oder in ein Café. Lass dein Handy daheim, lies keine Zeitung, mach nichts. Schön. Vielleicht fällt es dir nicht leicht. Das macht nichts.

Sei einfach mal ein Mensch, der einfach nur lebt. Das ist eine wunderbare Erfahrung für dich, vielleicht sogar das erste Mal."

9. Heute wird sich bewegt.

"Keine Angst, du sollst heute nicht den ganzen Tag in der Muckibude verbringen. Sport treiben ist sowieso für viele Menschen langweilig. Bewegen solltest du dich aber trotzdem. Ihr seid nicht zum Sitzen gemacht. Der Körper will sich bewegen und vor allen Dingen laufen. Schau mal den Kindern zu, die haben noch richtig Spaß daran herumzulaufen. Ihr große Menschen schnauft meist schon nach 5 Minuten joggen.

Nimm dir heute Zeit etwas zu tun, dass dir echt Spaß macht und mit Bewegung zu tun hat.

Denn eins ist klar: Wenn es keinen Spaß macht, erfüllt es seinen Zweck sowieso nicht, dann kannst du es gleich lassen.

In der Muckibude wie verrückt tonnenschwehre Gewichte zu stemmen, um einen durchtrainierten Körper zu bekommen, nährt höchstens das Ego, hat aber mit Wohlbefinden und Gesundheit nicht viel zu tun.

Klar gibt es Menschen die gerne viel Sport machen und sich echt wohl dabei fühlen. Dann ist das toll. Aber nur einem Modetrend hinterherzujagen nützt dir für dein Wohlgefühl rein gar nichts.

Also heute ist Spaß mit Bewegung angesagt."

10. Hurra, heute hast du frei!

"Ja, du hast richtig gehört. Am 10. Tag sollst du ruhen! Lass einfach alles sacken. Vielleicht hast du auch Lust nochmal was zu wiederholen, damit es "sitzt" oder auch nicht. Es ist egal. Es ist ja alles nur ein Spiel. Es gibt kein gewinnen und verlieren. Es gibt einfach nur leben mit soviel Spaß wie möglich.

Nur das, sonst nichts.

Diese 10 Übungen sollten natürlich nicht nur einen Tag lang gelebt werden, sondern so oder so ähnlich sollte dein Alltag aussehen. Ich bin mir sicher dein Leben ist dann viel leichter!

Es wird Zeit ein Stückchen weiterzugehen. Siehst du den kleinen Bach, wie er sich durch die Wiese schlängelt? Hinter der großen Eiche am Bachrand ist eine kleine Brücke aus Holz. Da gehen wir jetzt hin.

Am Holzgeländer ist ein kleines Schild aus Kupfer angebracht auf dem steht:

Sei ganz da, in jedem Augenblick deines Lebens.

Ja das ist die Essenz der gelösten Aufgaben.

Das Leben findet immer nur jetzt statt.

Lebe immer jeden Moment deines Lebens mit allen deinen Sinnen.

Sei immer ganz da.

Das nennt man auch Achtsamkeit."

Siehst du die wunderschöne Blumenwiese? Sie scheint bis an den Horizont zu reichen. Alle Farben sind vertreten, es gibt sogar Orchideen in Hülle und Fülle. Mohnblumen,

Kornblumen, Sonnenblumen, und so viele Arten, für die es in unseren alten Welt keinen Namen gibt.

"Sind wir schon in der neuen Welt?", frage ich neugierig.

Sandolphon lächelt: "Noch nicht, aber bald!" Toll, bald sind wir da, ich freue mich, vielleicht kannst du auch schon die Vorfreude spüren?

(Eine kurze Anmerkung von mir:

Tja jetzt ist es raus. Der liebe Sandolphon navigiert uns in die neue Welt, das ist toll. Normalerweise gibt es keine "Person" die sich meldet. In der geistigen Welt ist es nicht so wichtig "wer" zu uns spricht. Alles ist Energie und Schwingung. Bei meiner letzten Durchsage zu dem Buch: ***Die neue Erde ist schon da***, hat sich niemand mit Namen gemeldet. Dieses Mal schon, da freue ich mich sehr, ich mag den Sandalphon sehr sehr gerne)

Wir marschieren mitten in die Blumenwiese rein. Ich drehe mich um, aber es ist gar nichts niedergetrampelt. Seltsam...

Ich schaue wieder nach vorne und da stehen 2 Stühle. Schaukelstühle, herrlich aus dunklem schweren Holz, mitten in der Wiese. Wir nehmen Platz. Ein Traum wie bequem man darauf sitzt. Die Sonne scheint mir ins Gesicht und rundherum brummt es nur so von Bienen, Hummeln, Hornissen und eigenartigen Flugobjekten, die ich gar nicht kenne. Schon wieder seltsam...

Sandolphon erzählt weiter:

Die 2. Brücke auf dem Weg zur neuen Erde:

Schmeiß deine Ängste über Bord

"Wenn du mit mir auf die neue Erde gehen willst, musst du deine sämtlichen Ängste ablegen. Angst hat eine sehr niedrige Schwingungsfrequenz und hindert dich daran "aufzusteigen". Angst ist das Gegenteil von Liebe. Ich zeige dir, wie du deine Ängste ganz einfach loslassen kannst.

Angst ist auch das Gegenteil von Vertrauen. Meistens beziehen sich die Ängste auf Geschehnisse in der Zukunft. Ich spreche hier nicht von "realen" Ängsten, sondern den Ängsten, die dein Verstand dir einzureden versucht.

Das sind so unendlich viele, dass du dir dessen sicherlich nicht bewusst bist. Damit könnte man ganze Bücher füllen.

(Anmerkung von mir, falls dich massiv Ängste plagen: Ich habe diesem Thema auch ein Büchlein gewidmet:

Lebe jetzt frei und ohne Angst und Panik - Maximale Freiheit ohne Panik und Angst.)

Es sind auch nicht unbedingt die "großen" Ängste die dich behindern. Sondern viele viele kleine Alltagsängste:

"Hoffentlich verpasse ich nicht den Zug."

"Hoffentlich läuft mein Bewerbungsgespräch gut."

"Hoffentlich wird mein Kind jetzt nicht krank, wenn wir nächste Woche in den Urlaub fahren wollen..."

Diese Liste ließe sich unendlich fortführen. Um aus diesem Gedankenkarussell auszusteigen, gibt es einen einfachen Trick:

Konzentriere dich voll und ganz auf den gegenwärtigen Augenblick.

Wenn du ganz da bist, nur im jetzt, gibt es keine Sorge um die Zukunft. Das sind nur Gedanken. Wenn sie auftauchen schenke ihnen keine Energie, also versuche sie nicht zu vertreiben, oder dich gar zu ärgern.

Beobachte deine sorgenvollen Gedanken, wende dich ihnen liebevoll zu.

Verscheuche sie nicht. Bleibe liebevoll bei diesem Gefühl, einfach so lange bis es weggeht. Keine Sorge: Es geht immer weg. Es ist nur eine Frage der Zeit.Du wirst sehen mit dieser Haltung werden sie sich sehr schnell verflüchtigen. Ein wunderbares, friedliches Gefühl bleibt. Das ist Vertrauen. Wenn man "weiß", dass alles gut ist, wie es ist, kann einem nichts und niemand mehr aus der Ruhe und seiner Mitte bringen. Dann bis du automatisch in einer höheren Frequenz, in der alles fein ist.

Wenn dich "große" Sorgen plagen, verfahre ebenso. Sorgen werden niemals zu einer Lösung führen. Vertrau dich uns an, übergib dein Sorgen Paket der geistigen Welt des Lichts mit der Bitte um Auflösung. Wir sind immer für euch da, habe also keine Scheu uns um Hilfe zu bitten.

Wir dürfen nur nicht ungefragt in euer Leben eingreifen, das würde den freien Willen nicht respektieren.

Also keine falsche Bescheidenheit: Wenn das nächste Mal etwas nicht so läuft, dann tragt uns eure Sorgen vor, mit der Bitte um Hilfe. Wir helfen gerne, dafür sind wir da.

Eurer Hauptproblem als Menschen ist, dass ihr eure Gefühle nicht fühlen wollt. Ihr verdrängt sie lieber, als ihnen einen Raum zu geben.

Gefühle sind dazu da um gefühlt zu werden, sie wollen beachtet, und liebevoll angenommen werden.

Ihr habt da ganz lustige Hilfsmittel um unangenehme Gefühle zu unterdrücken oder loszuwerden: Ihr raucht, ihr trinkt, ihr treibt Sport, esst Schokolade oder ihr schreit andere Menschen an. Das Problem ist nur: Die Gefühle haben sich nicht aufgelöst, sondern sie sind nur wieder in eine Schublade gesteckt worden. Bei der nächsten besten Gelegenheit kommen sie wieder zum Vorschein.

Besser ist es tatsächlich, du lernst wie das funktioniert mit den unliebsamen Gefühlen. Umso leichter verläuft dein Leben.

Komm Paula wir gehen jetzt über die 2. Brücke."

Wir kamen an eine ganz kleine Steinbrücke aus Ziegeln und überquerten sie. Wieder lag ein kleines Bächlein hinter uns. Vor uns lag eine riesengroße Fläche mit Obstbäumen. Soweit das Auge reicht. Sie waren voller Früchte. Wir marschierten durch die Alleen hindurch, es war ein Traum. Es gab wirklich alles was das Herz begehrt. Interessant war auch, dass es so viele verschiedene Früchte gab, auch jene die normalerweise in verschiedenen Klimazonen vorkommen. Da war ein Apfelbaum neben einem Bananenbaum, dann kam ein Pflaumenbaum der über und über große blaue Pflaumen trug, sodass sich die Äste gleich bis zum Boden bogen, und anschließend kamen Ananas und Mangos. Je weiter wir marschierten umso interessanter wurden die Früchte. Ich kann nicht sagen, ob es alles exotische Früchte aus fernen Ländern waren, die ich noch nie gesehen habe, weil ich in diesen Ländern noch nicht war, oder ob dies ganz "neue" Früchte waren. Wer weiß das schon. Mir war es in dem Augenblick egal, denn diesen Überfluss zu sehen und vor allen Dingen zu riechen, war ein Traum. Ich hatte noch nie etwas Schöneres gesehen.

Wir setzten uns jetzt einfach ins Gras unter einem, tja ich kenne den Namen nicht, Baum mit lilafarbenen kleinen Früchten. So eine Art Marillen in Lila, würde ich sagen. Ich habe mir natürlich ein paar gepflückt und gegessen. Also so etwas von süß, da werf ich doch jede Tafel Schokolade weg. Die Frucht zerging schier im Mund, da brauchte ich kaum zu kauen.

Übe schon mal das Manifestieren

So einfach erschaffst du dir deine Realität

"Jetzt bekommst du ein paar Tipps wie du dir Dinge, die du gerne hättest in deine Realität holen kannst. In der 5. Dimension werdet ihr das Erschaffen von Materie bis zur Perfektion beherrschen. Es wird also höchste Zeit schon mal ein bisschen zu üben.

1. ist es wichtig, dass du Vertrauen entwickelst, zu dem was ist. Wünsche machen dich zu einem Bettler. Du wünschst dir etwas, das heißt du bist mit dem, was ist nicht zufrieden. Also musst du eine tiefe Zufriedenheit entwickeln. Auch wenn dein Leben nicht rosig ist, also nicht ganz so, wie du es möchtest.

Dein Wille geschehe...

Du nimmst einfach alles an, wie es ist, das nennt man Vertrauen haben in das Leben.

2. von diesem Zustand der inneren Zufriedenheit kannst du Neues manifestieren. Du hast es jetzt viel leichter als noch vor Jahren. Weißt du warum?

Die Energien werden dir helfen. Früher dauerten oftmals solche Wunscherfüllung-programme- lange bis sehr lang. Heute geht das sehr flott. Es ist nicht mehr alles so zäh und dicht. Die Energien lichten alles.

3. Gedanken erzeugen Energie. Wenn du deinen Fokus auf die Tagesschau lenkst, wirst du sicherlich nichts Positives ernten, ganz im Gegenteil.

Richte deine Aufmerksamkeit auf schöne und positive Dinge, dasselbige kommt zu dir zurück. Das ist ein geistiges Gesetz, das für alles und jeden Gültigkeiten hat.

Das ist ja auch völlig logisch:

Du kannst nur das Ernten was du gesät hast. Falls du einen Garten dein Eigen nennen darfst, wirst du dich auskennen mit Samen und Früchte ernten.

Da kommst du ja auch nicht auf die Idee Kürbis Samen zu säen um dann 3 Monate später recht enttäuscht zu schauen, wenn die Kürbisse rot sind und an den Stielen hängen und nicht am Boden liegen. (Die Auflösung: Tomaten)

Wenn du großzügig und großherzig bist, den Menschen und der Welt mit viel Liebe begegnest, wirst du genau das auch wieder ernten. Du wirst überhäuft mit allem, was du brauchst und was du dir wünscht. Dir wird von allen Seiten Liebe entgegengebracht werden und an materiellen Gütern wird es dir niemals mangeln.

Das Wichtigste kommt immer zum Schluss.

Wenn du dir etwas ganz Bestimmtes wünscht, ist das Gefühl, das du beim Wünschen hast, das entscheidende.

Stell dir bildhaft vor, wie dein neues Objekt der Begierde aussehen soll. Am besten gehst du in Meditation oder zumindest suchst du dir ein Plätzchen der Ruhe.

Dann stellst du dir vor, wie es sich anfühlt, wenn dein Wunsch in Erfüllung gegangen ist. Fühl es mit allen deinen Sinnen. Lache, hüpfe und singe, wenn du willst. Denn genau das wird zur Wirklichkeit.

Was wirst du als Erstes tun, wenn es geklappt hat? Wen rufst du an? Wo fährst du hin? ec ec ec...

4. Wie fühlt sich die Wunscherfüllung an?

Wenn du wehklagst: Oh ich habe so wenig Geld auf dem Konto, viel zu wenig moderne Kleidung, keinen

Flachbildfernseher und das Smartphone ist auch schon 1 Jahr alt... Dann wird sich wahrscheinlich nicht viel ändern...

Du hast dich in die Mangelenergie selbst hineinmanövriert.

Dreh den Spieß einfach um, dann klappt es bestimmt.

Der beste Garant für ein Leben in Fülle ist: niemals einen Mangel zu ***fühlen***.

Rücke deine Perspektive gerade. Wenn du gerade wenig Geld auf dem Konto hast, so fühle dich trotzdem reich. Denke dir: Ich lebe wie ein König: Ich habe ein Dach über dem Kopf, den Kühlschrank voller Essen und in meinem Kleiderschrank ist noch genügend Wäsche zum Wechseln.

Und noch einmal: Ausschlaggebend ist immer das *Gefühl*. Die Herzenergie ist mächtig und um ein Vielfaches stärker als die Verstands-energie-.

Fokussieren mit dem richtigen Gefühl unterlegt, das funktioniert."

Die 3. Brücke auf dem Weg zur neuen Erde:

Lerne dich dem Fluss des Lebens hinzugeben

Sandalphon fuhr fort: "Ihr Menschen lebt euer Leben zum großen Teil mit angezogener Handbremse. Setz dich mal in dein Auto, leg den Gang ein und starte dein Auto. Kupplung loslassen und losfahren. Du hast richtig gelesen, ich habe nicht gesagt: Handbremse lösen. Also fahr los mit angezogener Handbremse. Tja wirst jetzt nicht soooo schnell und leicht von A nach B kommen... Ist ja klar. Würde ja bewusst kein Autofahrer tun. Ist ja Blödsinn.

Warum lebt ihr dann euer Leben mit angezogenen Handbremse? Beim Auto kennt ihr Menschen euch immer sehr gut aus, beim Leben ist es nicht immer so.

Ich meine mit der Handbremse sinngemäß deinen Widerstand.

Ihr zieht "emotional" die Handbremse. Oftmals habt ihr etwas gegen etwas. (Das hört sich lustig an: Gegen etwas was dagegen haben)

egal was das Leben euch so bietet, irgendwas passt euch meist nicht.

Das liegt daran, dass ihr mit dem Verstand immer nur einen ganz kleinen Ausschnitt erfassen könnt. Ihr könnt niemals das Gesamte wahrnehmen. Ihr könnt gar nicht wissen, was in der Zukunft daraus wird, wenn ein Ereignis jetzt eintritt. Etwas das jetzt scheinbar ganz und gar nicht erfreulich scheint, kann in ferner Zukunft der Schlüssel für das ganz große Glück sein.

Das Problem ist nur, dass ihr euch nicht dem Fluss des Lebens hingebt. Ihr vertraut dem Leben nicht. Sobald etwas passiert, was nicht in euren Lebensplan passt, wird wieder die Handbremse angezogen und geschimpft und gewettert. Damit katapultiert ihr euch selbst aus eurem wahren Glück heraus. Ihr nehmt eure gelieferten Päckchen nicht an.

Schau mal, ihr wünscht euch so viel, wenn wir dann liefern, ist keiner Zuhause der das Paket annimmt. Klar, ihr erkennt es einfach nicht als Geschenk. Ihr denkt immer das Geschenk muss in einem schönen Papier mit einer noch schöneren Schleife verpackt sein, nur dann ist es ein "schönes" Geschenk.

Ganz falsch gedacht. Das von uns gelieferte Geschenk kann auch mal eine Krankheit sein, es kann aber auch mal ein Unfall sein oder irgendeine andere kleinere oder größere Katastrophe.

Wenn du lernst dem Leben zu vertrauen, dann hinterfragst du nichts. Du nimmst das Leben, als das an was es ist:

Einfach eine Aneinanderreihung verschiedener Ereignisse.

Du wertest nicht, du urteilst nicht und vor allen Dingen beschwerst du dich nicht.

Weißt du, manchmal hat sich ein Mensch vor der Inkarnation vorgenommen spirituell zu wachsen, er will Bewusstsein erlangen. Dann lebt er so dahin. Jahr um Jahr vergeht. Er hat einen tollen, gut bezahlten Job, eine hübsche Frau ein riesen Haus und einen Sportwagen vor der Türe stehen. Alles läuft...

Dieser Mensch hat verständlicherweise wenig Motivation um bewusster zu werden, vielleicht irgendwelche schlechten Angewohnheiten abzulegen, oder zu seinen Mitmenschen etwas liebevoller zu sein. Nein in seinem "egoistischen" Leben, fühlt er sich pudelwohl.

Tja, da er sich aber selbst diese Aufgabe gestellt hatte, wird seine Seele ihm mal kleine Schubser geben, damit er sich bisschen mit der Liebe und Mitgefühl beschäftigt. Das fängt dann vielleicht mit einem kleinen Autounfall an, gefolgt mit einem Absturz der Aktien, dann kommt noch eine Nahrungsmittelallergie hinzu... usw...

Er wird sich beklagen, aber immer noch nichts verstehen.

Dann kommt nach und nach die Holzhammermethode, so lange bis es richtig weh tut. Da lässt sich seine Seele einiges einfallen. Irgendwann kapiert er es dann schon. Bei manchen Erdenbewohnern muss man schon wirklich Vollgas draufhauen." (Sandalphon grinst).

"So funktionieren die geistigen Gesetze. Das ist sehr gerecht, denn sie gelten für Jedermann und Jederfrau, ob arm oder reich das ist völlig egal. Priorität hat immer die Erfüllung des Seelenauftrages.

Es gibt, da eine schöne Geschichte aus China die dir zeigen soll, dass es wirklich schlauer ist den Dingen seinen Lauf zu lassen und dem Leben zu vertrauen."

Wer weiß, ob das Glück ist?

Es lebte ein Mann mit seinem Sohn in einem Dorf. Er besaß ein Pferd. Eines Tages riss das Pferd aus und lief weg. Er verlor seinen einzigen Besitz. Die Dorfbewohner kamen und bedauerten den Mann: „Oh, das ist schrecklich!". Der Mann sagte: „Wer weiß, wofür das gut ist?"

Nach ein paar Tagen kehrte das Pferd wieder zurück und brachte noch ein wildes Pferd mit. Auf einmal war er ein reicher Mann. Die Dorfbewohner kamen und gratulierten dem Mann: „Oh, was für ein Glück!". Der Man sagte: „Wer weiß, ob das Glück ist?"

Der Sohn des Mannes wollte auf dem wilden Pferd reiten. Er fiel runter und brach sich die Beine. Der Sohn konnte nicht mehr auf dem Feld arbeiten. Die Dorfbewohner kamen und bedauerten den Mann: „Oh, was für ein Unglück!". Der Mann sagte: „Wer weiß, wozu das gut ist?"

Ein paar Tage später zog der König in den Krieg mit dem benachbarten Volk. Die Soldaten kamen ins Dorf und holten alle jungen Männer zum Kriegsdienst ab. Da der Sohn sich die Beine gebrochen hatte, wurde er verschont...

Wir standen auf und drehten uns um, es ging weiter. (Aber nicht ohne mir noch schnell eine so guuuute Frucht in den Mund zu stecken)

als ich heruntergeschluckt habe blieb mir erst einmal der Mund offen stehen, als ich sah, was da auf mich zukam.

Die nächste Brücke war kein kleines Brücklein wie die vorangegangenen, nein es war eine Hängebrücke über eine Schlucht, die so tief war, dass ich das Ende, also den Boden, gar nicht sehen konnte. Zudem sah mir das Ganze recht wackelig aus. Sie war nicht starr und fest verankert, sondern wippte alleine durch die leichte Brise des Windes hin und her.

Na Mahlzeit, mir wird schon schwindlig, wenn ich nur auf dem Küchenstuhl stehe. Das kann ja heiter werden. Dann fiel mir sofort wieder ein, welchen "hochrangigen" Begleiter ich hatte, da sollte ja nichts schiefgehen...

Ich sah aus meinen Augenwinkeln Sandalphon grinsen. Klar, der kann ja meine Gedanken lesen.

Schon waren wir auf der Brücke und in "0 Komma nichts" schon wieder am Ende angelangt. Ich habe trotz großen Vertrauens nicht in die Tiefe geschaut...

Das Ende war aber erstaunlicherweise nicht fester Boden im Sinne von Wiese oder Weg, nein wir standen plötzlich im Dunkeln. Nein, das ist nicht ganz richtig: Dunkel war es eigentlich nicht, es war eher "funkelnd". Das Brückenende ging nahtlos in eine Höhle über, in eine Kristallhöhle.

Ich kenne schon beeindruckende Höhlen aus dem Internet oder Fernsehen, aber was ich da gesehen habe, kann ich mit Worten nicht beschreiben. Da ich ja kein Handy habe, konnte ich leider keine Fotos machen. Außergewöhnlich war, dass die Kristalle nebeneinander und bunt gemischt angeordnet waren. Wir kennen ja meist nur Höhlen mit einer oder wenigen Arten Kristallen, aber alles zusammen, das ist wirklich sehr sehr beeindruckend. Eine Schwingungsenergie war da drinnen, ohne Worte. Es glitzerte und blinkte nur so in allen Farben die du kennst, und noch vielen Farben mehr, die du noch nie gesehen hast.

Wir nahmen auf einem Amethysten Platz und Sandalphon kam wieder ins Gespräch mit mir:

"Weißt du Paula, alles ist Energie und schwingt in einer bestimmten Frequenz. Das reicht von ganz langsamer

Schwingung, also niedriger Frequenz bis in sehr sehr hohe Bereiche, die ihr Menschen euch erstens nur schwer vorstellen, geschweige denn erreichen könnt.

Es gibt nur sehr wenige Menschen die diese hohen Ebenen erreichen können. Diese Menschen leben fernab jeder Zivilisation zum Beispiel in Höhlen. Kein "normaler" Mensch wird sie finden und mit ihnen Kontakt aufnehmen können, da sie in einer sehr hohen Bewusstseinsebene leben. Ich meine mit "normalen" Menschen einen Erdenbewohner, der sich nicht mit geistigen Dingen beschäftigt und sein Leben in der Dichte lebt. Jemand der keine Fragen stellt und in dem System mitspielt.

Diese sehr hoch schwingenden Avatare haben eine wichtige Rolle auf der Erde übernommen: Sie helfen die Schwingung hochzuhalten oder weiter zu erhöhen.

Ein Teil der sehr hoch schwingenden Menschen lebt noch **innerhalb** der Erde. Jetzt da die Energie auf der Erde wieder ansteigt, können sich die Menschen wieder treffen. Die Frequenz auf der Erde muss noch ein wenig höher werden, dann kommen eure Freunde wieder aus der inneren Erde heraus zu euch auf die neue Erde.

Du musst verstehen, dass einzig und alleine die ***Schwingungsenergie***, eure Realität, in der ihr lebt, bestimmt.

Ich erkläre dir was es mit der Energie auf sich hat, und was ihr damit alles machen könnt, ein bisschen später. Vorher will ich dir erklären, was die Menschen in der niedrigen Schwingung hält.

Nämlich nur sie selbst. Lass uns dazu ein paar Schritte gehen."

Wir standen auf und gingen noch ein kleines Stück durch die Kristallhöhle durch. Ich ließ meine Hand an der Oberfläche, die teilweise rau und auch wieder ganz glatt und eben war, entlang schleifen.

Schon sah ich Licht und wir waren Draußen.

Uiii was war denn das? Kurz dachte ich, ich wäre im Tierpark, aber wirklich **im** Tierpark, sozusagen **in** den Gehegen. So weit ich sehen konnte: Tiere aller Arten! Wenn ich nicht so eine liebevolle hohe Schwingung mit aus der Höhle gebracht hätte, währe ich sicherlich vor Angst erstarrt.

Ich möchte jetzt nicht die ganze Population aufzählen, denn dann bräuchte ich schon 20 Buchseiten alleine dafür, aber nur soviel: Es war jegliche Art von Haustieren vertreten, aber auch sämtliche Tiere die du jemals im Fernsehen gesehen hast. Löwen, Bären, Giraffen, Nashörner und Geparden um nur einige wenige (bei uns auf der Erde nicht ungefährliche) Tiere zu nennen. Weißt du was? Die lagen alle friedlich herum und das auch noch nebeneinander!!!

Die Hühner, Antilopen oder Hasen hüpften vor den Nase von den Löwen herum. Mir fiel der Spruch ein, ich glaube das steht in der Bibel: Sie werden alle friedlich nebeneinander leben. Das heißt es gibt keine Fleischesser mehr, das freut mich sehr. Bin ich doch selbst auch ein Vegetarier. Ich fühlte instinktiv, dass keine Gefahr von den großen Tieren ausging.

Ich erfüllte mir dann gleich mal einen langersehnten Wunsch: Ich streichelte einen Löwen. Oh wie hat der geschnurrt! Wie eine Katze, dann hat er sich auf den Rücken gerollt und sich den Bauch kraulen lassen. Alle Viere hat er von sich gestreckt! Du kannst dir gar nicht vorstellen, wie sich die Löwenmähne anfühlt, so richtig wollig weich. Also das war ein Erlebnis, gigantisch!!!

Sandalphon nahm mich an der Hand und wir gingen weiter. Ich konnte mich gar nicht satt sehen...

Sandalphon zog mich ein bisschen, sonst wäre ich ewig bei den Tieren geblieben.

Wirklich absolut der Hammer war dann, als ich Tiere sah, die ich noch niemals im Leben vorher gesehen habe. Affen, die noch viel menschlicher aussahen wie die Orang Utans, sie hatten ein hellrotes kurzes Fell. Wenn ich ihnen in die Augen sah, kam es mir so vor, als schaue ich in Menschenaugen. Dann kamen uns auch noch ganz lustige Vier- oder Zweibeiner entgegen. Ich kann mich nicht mehr erinnern, wie sie genau aussahen, es ging alles so schnell, aber dieses

Erlebnis war sehr beeindruckend. Das werde ich nie vergessen. Wenn ich auch sonst ein Gegner der mobilen Telefone bin, jetzt hätte ich wirklich gerne eines besessen um das alles zu fotografieren.

Natürlich tauchte erwartungsgemäß wieder eine Brücke auf, dieses Mal eine rote Holzbrücke mit ebenfalls rotem Holzgeländer. Ein sehr kleines Brücklein. Es ging über ein Rinnsal. Ich glaube mit Anlauf hätte man fast drüber springen können.

Auf der anderen Seite angekommen, stand vielleicht 10 Meter weiter ein Baum mit grünen Früchten. Unter dem imposanten Baum stand ein Bankal. Dieses Mal eine klassische grüne Bank aus Holz. Es war angenehm schattig unter dem wunderbaren sehr großen Baum, der über und über mit Früchten voll war. Dann ließ ich einen Begeisterungsschrei los: Uiiiii das ist ja ein Nonibaum. Das hatte ich mir immer gewünscht. Einmal in echt einen Nonibaum zu sehen! Viele Jahre lang trinke ich und meine Familie den Nonisaft. Der Saft hat uns unsere Gesundheit wieder zurückgegeben. So viele Menschen habe ich erlebt, die Heilung durch die Frucht erlebt haben. Ein wirklicher Lebensbaum.

Sandolphon lächelte mich an, er freute sich mit mir.

Wir nahmen Platz. Sandolphon sprach weiter:

Die 4. Brücke auf dem Weg zur neuen Erde: Vergiss alles Erlernte komplett und lerne alles wieder neu

"Wenn du den Weg der Wahrheit gehen willst, musst du den Müll, mit dem sie dich vollgestopft haben, wieder loswerden. Auf euren Computern ist das eine leichte und schnelle Sache, die Festplatte zu löschen. Das ist Ruck zuck passiert. Aber eure eigene Festplatte, also euer Gehirn und euer Unterbewusstsein zu löschen, das bedarf einiger Mühen.

Zu aller erst braucht es deine Bereitschaft lieber Leser oder liebe Leserin! Wenn du wirklich bereit bist für die höheren Ebenen, dann musst du auch bereit sein für die Wahrheit. Bist du dafür bereit?

Du wirst Wege finden, um die Wahrheit zu finden. Es gibt in eurem Internet und in Büchern, sowie bei Vorträgen unzählige Möglichkeiten die Wahrheit zu finden. Viele Blogs, auch die Paula schreibt in einem Blog, beschäftigen sich mit der Wahrheit und sind unermüdlich mit der Aufklärung der Menschen beschäftigt.

Die Manipulationen der dunklen Mächte zieht sich durch **alle** Bereiche. Nichts wurde ausgelassen. Wenn du wirklich die Wahrheit finden willst, dann stelle diese Menschen, die aufklären, nicht als Verschwörungstheoretiker hin.

Sei mutig und schau der Wahrheit ins Gesicht.

Von Kindesbeinen an werden euch Dinge erzählt, die einfach gelogen sind. Die Schulzeit ist eine Zeit des Lernens, sie wurde und wird schamlos ausgenützt, um Falschheiten in die Gehirne der Kleinen zu pflanzen. Die Unterrichtsbücher wurden von Menschen geschrieben, die nur eins wollen: Euch zu manipulieren, klein- und möglichst lange als Sklaven zu halten, um euch auszubeuten. Da werden schon die Kleinsten manipuliert, damit sie nicht auf die Idee kommen, um etwas zu hinterfragen.

Glaub mir die Sekten der Erde, (damit meine ich die Kirchen) sind nicht für dein Seelenheil gegründet worden, sondern einzig und alleine um deine Energie (auch dein Geld) zu nehmen.

Euer Gesundheitssystem ist nicht dazu da um euch gesundzumachen, sondern lediglich um Geld mit euch zu verdienen. Das System ist völlig falsch herum. Hier wird Geld (viel Geld) mit der Krankheit verdient, nicht mit der Gesundheit. Gesunde Menschen bringen keinen Profit. Das alleine sollte dir schon zu denken geben.

Das Bankensystem ist korrupt und hat auch nur einen Zweck. Ich denke du kommst selber darauf.

Und wer noch glaubt die Regierungen dieser Welt (bis auf wenige Ausnahmen) haben sich das Wohl ihrer Wähler auf die Fahnen geschrieben, der glaubt auch noch an den Weihnachtsmann...

Deren Handlanger sind die Medien und das ist fatal, denn sie sind diejenigen die manipulativ auf euch einwirken. Da werden wirklich keine schmutzigen Tricks ausgelassen. Die Werbung, aber seit Neuestem auch in den Fernsehfilmen, wird euch suggeriert, was ihr wieder alles konsumieren solltet- kurz es wird künstlich ein Bedarf geweckt, damit ihr "scheinbar glücklich" werdet.

Alles Blödsinn!

Vergiss das alles und wach endlich auf, es ist nicht mehr fünf Minuten vor Zwölf, es ist bereits Zwölf Uhr!

Nimm dir wirklich Zeit und sei kritisch. Suche die Wahrheit, du wirst sie sicher finden.

Sei bereit deinen Biocomputer zu löschen. Öffne dein Herz und lerne fortan mit deinem Herzen. Dann hebst du deine Schwingung automatisch an und wirst die Schönheiten der Welt sehen, vor allen Dingen wirst du die neue Welt sehen können. Wenn du sehr konsequent bist, wirst du in ganz kurzer Zeit auch auf der neuen Erde leben können. Das ist wunderbar."

Nachdem ich mir eine Käsefrucht, also eine Noni gepflückt und sie eingesteckt habe, marschierten wir mit flotten

Schritten Richtung See. Ja du hast richtig gelesen, in etwa 500 Meter Entfernung lag ein See. Von Weitem konnte man schon das dunkelblaue Wasser erkennen, die Sonne spiegelt sich darauf. Ich freue mich an das Ufer zu kommen. (Vielleicht kann ich ja baden).

Das ist ja toll, nur ein See und sonst nichts. Das Ufer ist mit kleinen runden Steinen gesäumt, aber sonst wirklich gar nichts. Keine Häuser, keine Boote, keine Menschen, keine Tiere und auch kein Schilf. So weit das Auge reicht nur Wasser. Wunderbares klares, sauberes Wasser.

Sandalphon kann meine Gedanken lesen:" Du kannst schon eine Runde schwimmen, wenn du magst Paula" Das ist toll, ich freue mich sehr, denn es ist sehr warm. Bis ich noch einen weiteren Gedanken fassen konnte, hatte ich schon einen Badeanzug an und stand kniehoch im Wasser. Das war auch seltsam, wie das wohl gegangen ist? Egal, Hauptsache baden. Das Wasser war angenehm warm, zügig ging ich hinein und fing zu schwimmen an. Ich wollte gar nicht mehr aufhören zu schwimmen. Wie lange ich da herumpaddelte, ich weiß es nicht, irgendwie habe ich sowieso das Zeitgefühl verloren, seitdem ich mit dem Sandalphon unterwegs bin. Alles ist wirklich *magisch*, ja ich glaube das ist das richtige Wort.

Als ich aus dem Wasser herauskam, saß Sandolphon schon am Ufer auf dem Boden, er wollte mir mehr von der neuen Erde, und wie man da hinkommt, erzählen.

"Es geht auch um Vergebung. Ihr Menschen schleppt meist einen großen und schweren Rucksack mit euch herum. Lehrt ihn mal aus, dann ist das Leben gleich viel leichter!"

Die 5. Brücke auf dem Weg zur neuen Erde:

Es gibt nichts zu vergeben, alles ist in Ordnung so wie es ist.

"Es gibt keine Vergangenheit, sie ist definitiv vorbei. Alles, was war, ist nicht mehr existent, nur noch in deinem Kopf. Im "echten" Leben sind die Geschichten nicht mehr am Leben, oftmals ja auch die Mitspieler nicht mehr...

Egal was du jemals getan, gesagt oder jemanden angetan hast, es ist vorbei. Wenn du noch Schuldgefühle mit dir herumträgst, dann vergebe dir selbst. So etwas kannst du gut mit einem Ritual machen. Wenn du das Gefühl hast, in der Vergangenheit hätte dir jemand etwas angetan, dann vergebe ihm. Das wird dir ein sehr schönes Gefühl bescheren. Dir wird ganz leicht ums Herz, wenn du vergibst.

Weißt du das Leben ist ein Spiel. Es geht nur darum zu leben und zu lernen. Da wurden einmal, vor dem Eintreten in dieses Spiel die Rollen verteilt und so wird es dann knapp 100 Jahre lang gespielt. Wenn du dieses Mal der oder die Gute bist, dann denke immer daran, dass bei der nächsten Runde du wahrscheinlich der Bösewicht bist. Also sei liebevoll zu deinem Mitspieler, der dieses mal die A... karte gezogen hat. Vergib ihm, denn genau mit dem Maß, mit dem du vergibst, wird dir vergeben.. (kommt dir vielleicht bekannt vor...)

Die "anderen" müssen dir manchmal einen Spiegel vor die Nase halten, damit du verstehst.

Du kennst das ja: Wenn du irgendwo einen Vortrag oder in der Kirche eine Predigt hörst, schläfst du gleich mangels Interesse ein, gesprochene Worte können manchmal ganz schön ermüden.

Dagegen wenn du live etwas erlebst, dann ist die Wahrscheinlichkeit, dass du daraus eine Erkenntnis ziehst, weitaus größer. Wenn dein "Mitspieler" richtig gemein zu dir ist, kannst du lernen zu vergeben oder bedingungslos zu lieben. (Hoffentlich! , nicht daß du gewalttätig wirst, das wäre dann nicht im Sinne des Erfinders...) Freu dich wenn es richtig rund geht in deinem Leben, dann kommst du am schnellsten voran, wenn du hinter die Kulissen schaust.

Nimm nicht alles so todernst. Es ist definitiv nichts ernst zu nehmen, es ist wirklich nur ein Spiel auf einem ganz tollen Spielfeld. Und um das geht es gleich."

Die 6. Brücke auf dem Weg zur neuen Erde:

Das Spielfeld Erde

Wir standen auf und ließen den See hinter uns. Nach einer Weile kamen wir zu einem Zulauf des Sees. Ein mittelgroßer Fluss, über den, dreimal darfst du raten, wieder eine Brücke ging. Diese Mal eher unspektakulär, eine einfache Holzbrücke in einer wunderschönen blauen Farbe. Ich war schon gespannt, was auf der anderen Seite wieder Spannendes zu entdecken war. Drüben angekommen sah ich: Nichts, so weit das Auge reichte, nichts. Also nicht gar nichts, aber fast nichts. So weit das Auge reichte sah ich Wiese, kurzes Gras ohne Blumen. Sonst nichts, nur grün.

Sandalphon sah mich von der Seite an: "Paula jetzt bist du enttäuschst, du hattest wieder etwas Tolles erwartet. Aber so ist das mit den Erwartungen immer: Wenn man nichts erwartet kommen die tollsten Dinge, erwartet man dagegen spektakuläre Sachen, dann wird man enttäuscht. Deshalb sage ich dir: Erwarte nie etwas vom Leben, nimm es so, wie es kommt. Das tut es sowieso, du kannst es eh nicht ändern. Das hat den Vorteil:

Wenn du nichts erwartest bekommst du automatisch immer mehr.

Das ist ja logisch: Mehr als nichts bekommst du immer, manchmal nur ein bisschen."

Ja das habe ich verstanden.

Wir zwei setzten uns einfach ins Gras und ich hörte gespannt weiter den Ausführungen Sandalphons zu.

"Ihr Menschen in der sogenannten zivilisierten Welt, habt verlernt in und mit der Natur zu leben. Mutter Erde wird gnadenlos ausgebeutet und verschmutzt. Die Erde ist eure Lebensgrundlage. Ihr sägt buchstäblich auf dem Ast, auf dem ihr sitzt, ist euch das bewusst? Die Umweltverschmutzung ist katastrophal, wenn ihr den Schmutz auch nicht vor eurer Haustüre liegen habt, ist er dennoch da. Da nützt es auch nichts, den Elektroschrott nach Afrika zu verschiffen nur damit er außerhalb eurer Sichtweite ist. Eure Meere sind voll mit eurem Plastikmüll.

Mutter Erde wird sich reinigen, sehr sehr gründlich. Diesen Reinigungsprozess werdet auch ihr Menschen zu spüren bekommen. Momentan ist er schon in vollem Gang, wird sich aber in nächster Zeit noch intensivieren. Das muss sein, so kann es nicht mehr weiter gehen. Aber dazu gleich mehr, wenn ich dir erzähle, wie sich Erde teilt."

Die 7. Brücke auf dem Weg zur neuen Erde:

Was ist momentan los auf unserer Erde?

Wortlos stand Sandolphon auf und marschierte weiter. Ich ging mit und sah mich um. Immer noch Wiese. Urplötzlich kam etwas ganz Spektakuläres: Eine Brücke, die so ähnlich aussah wie eine Zugbrücke einer Burg. So mit Ketten dran, echt klasse. Bis ich mich versah, waren wir schon wieder drüben. (Ich weiß wirklich nicht wie das alles funktioniert, aber es ist toll und fängt an mir wirklich Spaß zu machen!)

Jaaaa jetzt macht es gleich noch mehr Spaß. Weißt du was ich jetzt sehe? 4 Bäume und 2 Hängematten!!!!!! Das ist toll und super bequem. Ich ließ mich nicht zweimal bitten und lag schon in einer drinnen. Die Bäume waren riesig. Die Art war mir auch neu, ohne Früchte nur Blätter und wie gesagt riesig. Vielleicht so wie die Mammutbäume in den USA. Toll so etwas mal in echt zu sehen.

Ich glaube jetzt wird es spannend. Und so war es auch.

"Jetzt möchte ich dir und den Menschen einige eurer Fragen beantworten.

Wir in der geistigen Welt sehen natürlich wie ihr euch plagt in dieser Übergangszeit. Seelische, körperliche und psychische Symptome setzen euch ganz schön zu.

Die Erde und die Menschen steigen auf in eine höhere Dimension. Seit vielen Jahren steigen die Energien permanent an. Das betrifft viele Bereiche. Physiker und auch energetisch arbeitende Menschen können dies messen. Auch das

Erdmagnetfeld schwankt und nimmt stetig ab, die Pole wandern. Ihr müsst euch das so vorstellen:

Alles ist Energie und schwingt. Materie ist auch Energie, schwingt aber nicht so hoch wie zum Beispiel euer Energiekörper. Wenn die Erde in eine höhere Schwingung geht, kann nur etwas mit aufsteigen, was auch einer höheren Schwingung entspricht, das ist klar. Genauso ist es mit den Menschen. Eure Körper werden immer lichter, das ist auch der Grund warum es euch ganz schön plagen kann, wenn die Energien so schwanken oder ansteigen.s

Man könnte auch sagen es findet eine große Reinigung statt. Alles, was dicht ist und nicht in der höheren Dimension Bestand hat, muss gehen. So einfach ist das eigentlich. Das betrifft euer ganzes Leben. Deshalb spielen auch eure Gefühle manchmal richtig verrückt. Das kann wechseln wie ein Aprilwetter: Von heiter Sonnenschein, über wolkig bis hin zu Sturm mit Regen oder Hagel.

Das selbige passiert dann noch mehrmals am Tag. Alles muss raus! Das ist so ein Slogan, der an euren Schaufenstern in den Verkaufsläden manchmal steht. So ist es bei euch selbst auch zurzeit.

Alles muss raus, was nicht auf der neuen Erde sein kann.

Deshalb kommen völlig alte, längst schon vergessene Kamellen wieder ans Tageslicht, es schmerzt plötzlich wie aus heiterem Himmel das Knie und wie es sich anfühlt, mal ohne Schmerzen zu sein habt ihr schon fast vergessen.

Gnadenlos wird alles auf den Prüfstand gestellt. Vor allen Dingen Beziehungen. Viele davon gehen in die Brüche. Ein Grund ist oftmals, dass sich nur **ein** Partner mit dem ganzen Aufstiegsgeschehen beschäftigt, der andere dagegen nicht, und weiterhin seelenruhig in seiner Matrix lebt. Das ging vielleicht noch vor einiger Zeit gut, aber jetzt nicht mehr.

Es ist eine Zeit ohne Kompromisse. Wenn ihr euch früher immer noch etwas verbiegen oder anpassen konntet, dann geht das jetzt nicht mehr. Nur noch die Wahrheit kann gelebt werden. Alles, was nicht wahr ist, wird definitiv auf der neuen Erde keinen Platz mehr haben. Das geht gar nicht. Die Schwingung ist hoch in der neuen Dimension und die Lüge schwingt nicht hoch.

Alles wird aussortiert. Das macht aber niemand. Das geht ganz automatisch. Das ist so ähnlich als ob du dein Speiseeis in den Küchenschrank stellst, weil du der Überzeugung bist, dass Eis ja auch ein Lebensmittel ist und hier genauso gut gelagert werden kann. Na ja, du weißt ja was dann passiert, wenn du sowas dummes machst.

So schmilzt alles weg, was nicht hochschwingt. Alles! Ob Materie oder Gefühle. Alles ist gleichermaßen betroffen.

Ich sage dir mal etwas was definitiv nicht hochschwingt:

Chemische Medikamente, veränderte Lebensmittel also Fertigprodukte und chemische Putzmittel und natürlich Plastik- nur um ein paar Beispiele zu nennen.

Kurz gesagt alles was unnatürlich ist. Dazu gehören auch eure kleinen Sprechgeräte, aber die braucht ihr dann eh nicht mehr. Kommunikation wird dann viel einfacher funktionieren, einfach ohne Geräte, mittels Gedankenkraft."

Das ist interessant, da möchte ich aber schon noch ein bisschen mehr zum Thema wissen.

Ich brauchte Sandalphon nicht zu fragen, er erzählte von alleine weiter. (Klar er kann ja meine Gedanken lesen, echt praktisch!)

Die Welten trennen sich...

... auch die Menschen

"Wir sprachen gerade von Beziehungen die nicht mehr stand halten. Dazu zählen natürlich auch Bekanntschaften oder auch die Arbeitsplätze. Ihr verbringt viel Zeit in der Arbeit, auch hier gibt es momentan sehr viele Kündigungen, weil sich viele Menschen nicht mehr wohl fühlen an ihrem Arbeitsplatz. Es hat sich etwas geändert. Es fühlt sich anders an. Ja tatsächlich ist es auch anders als früher.

Du kennst das doch sicher: Der Sonntagnachmittag Kaffee bei der Schwiegermutter war früher schon nicht gerade der Brüller, aber jetzt ist es überhaupt nicht mehr auszuhalten. Die Gesprächsthemen interssieren dich überhaupt nicht mehr und wenn du etwas erzählen willst, wirst du seltsam angeschaut. Klar, wenn du erzählst, dass bald deine Freunde aus dem inneren der Erde zu Besuch kommen, hört sich das für manch Einen etwas seltsam an."

Sandalphon konnte sich das Grinsen kaum verdrücken.

Du siehst, oder besser gesagt spürst, dass sich die Ebenen immer weiter voneinander entfernen. Es ging früher noch mit vielen Kompromissen gut, doch jetzt nicht mehr. Keine Kompromisse mehr. Wenn du merkst, es fühlt sich etwas nicht gut an, dann lass es.

Gibt es keine gute Energie, dann ist es nicht gut für dich oder die Anderen. Wenn du immer noch nach den alten Spielregeln spielst, wirst du auch nicht mit aufsteigen, so einfach ist das.

Stell dir das mal so vor: Du stehst mit einem Bein auf der alten Erde und mit dem anderen auf der neuen Erde. Manchmal bist du in der gewohnten Umgebung und einige male, vielleicht wenn du meditierst und einen hohen Seinzustand erreichst, also voller Liebe bist, kannst du die neue Welt schon besuchen. Allerdings ist das zurückkommen, dann nicht mehr so toll. Das fühlt sich ähnlich einem Aufprall an. Alles fühlt sich sehr dicht und schwer an.

So kannst du während eines einzigen Tages mehrmals zwischen den Welten tanzen. Du merkst sehr genau wo du gerade bist. Sei achtsam, dann fühlst du es.

Wenn alles läuft wie geschmiert- so gut, dass es sogar manchmal unheimlich wird, dann sei sicher: Hier bist du richtig. Das ist dein neues Zuhause.

Dagegen wenn wirklich alles schiefgeht, dann weißt du auch wo du bist.

Das ist dann deine gewohnte Umgebung.

Dafür bekommst du von mir eine praxinsahe Anleitung wie du sehr schnell die Welten wechseln kannst.

... Aber: Dieses hin und herhüpfen ist in Kürze vorbei...

dann wohnst du dauerhaft auf der neuen Erde.

Du liest diese Zeilen das bedeutet, dass du schon in einer höheren Schwingung bist, sonst würdest du nicht da sein um das zu lesen. Also bist du schon vorbereitet für den Aufstieg, sitzt quasi auf den gepackten Koffern.

Das sogenannte Event wurde schon oft angekündigt. Viele Lichtarbeiter warten und warten und warten. Und wenn sie nicht gestorben sind, dann warten sie noch immer..." Sandolphon lachte lauthals.

Aufstiegssymptome

die sich wie Krankheiten anfühlen können

"Es ist viel passiert in den letzten Monaten und Wochen. Die Erde wurde mit so enorm viel Licht geflutet, dass die Frequenzen schon sehr sehr hoch sind. Es gibt bei euch verschiedene Messungen die solche Energien in Zahlen ausdrücken. Da könnt ihr den starken Anstieg sehen. Noch besser könnt ihr ihn fühlen. Sensitive Menschen oder empathische sind arg gebeutelt, denen wird es auch schon mal schwindlig. Vor allen Dingen werden eure Chakren angepasst, das spürt ihr im feststofflichen Körper natürlich ebenso. Da kann das Herz auch mal ganz schön zum rumpeln anfangen, manchmal fühlt es sich an, als ob ihr Herzrhythmusstörungen hättet. Die Notaufnahmen in den Krankenhäusern berichten von starkem Patientenanstieg mit Herzbeschwerden, die aber keine krankhafte Ursache haben. Das heißt nicht, dass du jetzt alle körperlichen Symptome völlig ignorieren oder als Aufstiegssymptom abstempeln sollst, denn der Schuss kann gehörig nach hinten losgehen. Da stehst du schneller vor dem Petrus als es dir lieb ist.

Zurzeit erkranken viele Menschen an grippeähnlichen Symptomen. Das sind alles sehr gründliche Reinigungen. Ihr könntet euch diese Dinge weitgehend ersparen, wenn ihr öfter einmal eine Fastenperiode einlegen würdet. Da werden Körper, Geist und Seele richtig gereinigt."

Mir fällt gerade auf, dass wir nicht mehr weitergewandert sind, wir liegen immer noch entspannt in den Hängematten. Egal, bequemer habe ich noch nie solch spannenden Ausführungen gelauscht.

"Typisch sind auch verschiedene Ohrengeräusche, aber auch Schmerzen aller Art. Ich würde mal sagen vom Kopf bis zu den Zehen kann alles weh tun. Wundere dich nicht und hab keine Angst du wirst jetzt nicht alt... Das geht alles wieder vorbei. Wenn ihr die höhere Dimension erreicht habt, ist euer Körper wieder genauso in Schuss, wie er es war als ihr im sogenannten "besten Alter" gewesen seid. Da seht ihr wieder jung aus und fühlt euch auch so. Ich sage euch das, damit ihr motiviert seid und durchhaltet.

Wundert euch auch nicht, wenn die Sehkraft nachlässt, oder aber auch mehrmals täglich schwankt. Besonders wenn wieder extrem starke Energien hereinkommen, kann es schon mal sein, dass ihr alles verschwommen seht.

Orientierungslosigkeit ist auch so ein Phänomen. Kennst du das?

Du gehst in den Keller und weißt nicht mehr warum.

Du stehst vor dem Regal im Laden und weißt nicht mehr was du kaufen wolltest.

Aber auch beim Autofahren: Du biegst einfach falsch ab und merkst erst nach einigen Minuten, dass du völlig falsch gefahren bist.

Zweifle bitte nicht an deinem Verstand. Du musst jetzt nicht in die Apotheke laufen und dir Ginko-Tabletten holen.

Wenn der Körper so ordentlich gereinigt wird, ist es völlig normal, dass es überall zwickt und zwackt.

Beobachte es mit dem Vertrauen, dass alles wieder vorbeigeht. Vor allen Dingen wirf dir jetzt nicht irgendwelche chemischen Pillen ein, damit belastest du zusätzlich dein System."

(Was nicht heißen soll, dass du eigenmächtig deine Tabletten absetzen sollst. Das muss ich hier einfügen, das will unser Unrechtsstaat so)

Spürst du vielleicht auch, wie du immer weniger Lebensmittel verträgst, die nicht gut für dich sind? Ich brauche dir hier keinen Vortrag über gesunde Ernährung halten, das wirst du sicherlich selbst wissen, was gut für dich ist.

Das ist ganz klar, wenn dein Körper immer mehr den höheren Frequenzen angepasst wird, dass Lebensmittel die tief schwingen, nicht mehr gut für dich sind und Unwohlsein hervorrufen können, oder schlimmstenfalls sogar Krankheiten zur Folge haben.

Ich sage dir, was hoch schwingende Nahrung ist:

Grundvoraussetzung ist natürlich: Lebensmittel, die giftfrei sind, die biologisch angebaut sind.

Klar sollten die Früchte bis zur Reife am Baum/Strauch hängen dürfen und regional sein. Gemüse vom anderen Ende der Welt hat keine gute Energie mehr.

Ihr habt alle in eurer direkten Umgebung wunderbare Obst und Gemüsesorten die euch gesund erhalten. Ihr braucht kein exotisches Obst, im Gegenteil es ist auch nicht gut für euch. Der menschliche Körper kann am besten das verstoffwechseln, was in seiner direkten Umgebung wächst. Es ist nichts dagegen einzuwenden, auch einmal einen Orangensaft zu trinken, oder eine Mango zu essen. Die Regel sollte es nicht sein.

Kurz und knapp: Eine leichte frische und abwechslungsreiche, am besten vegane Kost, wird euch gut durch die Zeit bringen. Ihr habt ja gesehen, hier auf der neuen Erde sind sogar die Löwen Pflanzenfresser. Ihr werdet sowieso Vegetarier, also könnt ihr euch gleich mal daran gewöhnen." Sandalphon zwinkerte mir zu.

Aufstiegssymptome

auch die Emotionen fahren Achterbahn

"Die gründliche Reinigung betrifft alle eure Körper auch den Emotional Körper", fuhr Sandalphon in seiner freundlichen Art fort.

"Mein Tipp an euch ist folgender:

Ruhe bewahren, cool bleiben. Erstens verleiht euren eigenen Gefühlen keinen Ausdruck, soll heißen reagiert nicht, wenn der Verstand euch wieder mal eine absurde Geschichte erzählt und ihr aufgrund dessen am liebsten ausrasten würdet.

Lasst euren Verstand plappern, der hört schon wieder auf.

Glaubt ihm kein Wort, wenn er etwas "böses" sagt.

- Glaubt ihm kein Wort, wenn er über Etwas oder jemanden urteilt.

- Glaubt ihm kein Wort, wenn er wieder die alten Kamellen aus der Kindheit herauskramt.

- Glaubt ihm erst recht kein Wort, wenn er euch wieder Sorgen über die Zukunft einreden will.

Geht in euer Herz, da ist der Sitz der Liebe, da ist alles fein. Da gibt es kein Urteil, keinen Mangel und keine Sorgen. Da fühlt sich alles wunderbar an.

Vor allen Dingen reagiert nicht auf eure Mitmenschen, wenn sie euch angreifen. Sie haben ebenfalls mit den Energien zu kämpfen, und noch schlimmer, die meisten wissen nicht was da los ist. Sie reagieren sich gerne an ihren Mitmenschen ab. Bleibt ruhig und gelassen. Denkt euch immer: Das ist nur Luft, die schwingt, sonst nichts. Wenn ihr nicht in Resonanz geht, dann geht es einfach vorbei. Worte sind nur Schall und Rauch. Erst wenn ihr reagiert, seid ihr auch in dieser Energie, die meist sehr niedrig schwingt. Ihr habt euch sozusagen mit hineinziehen lassen. Das solltet ihr tunlichst vermeiden.

Ebenso ist zu verfahren, wenn ihr den Fernseher anschaltet. Nachrichten oder Berichterstattungen sind 1. sowieso gelogen und manipulativ und 2. von sehr sehr schlechter Energie. Da könnt ihr regelmäßig talabwärts fahren, wenn ihr euch das reinzieht. Besser ist es entweder das Flimmerkästchen auszulassen oder sich eine "leichte Kost" zu gönnen, am besten etwas wo man herzlich lachen kann.

Lachen ist sowieso das Allerbeste. Ihr könnt mit nichts so schnell und leicht eine hohe Energie erreichen wie mit Lachen."

Was wird beim Aufstieg passieren?

Was ist zu beachten?

Wir liegen noch sehr entspannt in unseren Hängematten zwischen den Bäumen, obwohl, so ganz entspannt bin ich jetzt nicht mehr, eher ein bisschen aufgeregt und natürlich neugierig, was denn auf mich noch so zukommen wird.

"Habt keine Angst, es wird nichts geschehen, was ihr nicht aushalten könnt. Zur rechten Zeit ist jeder am rechten Ort, gemäß seiner Bestimmung.

Was heißt das, gemäß seiner Bestimmung? Das hat natürlich auch mit deiner Energie zu tun. Wenn dein erklärtes Ziel die Wahrheit und die Liebe ist, wenn du die Liebe auch wirklich lebst, dann bist du automatisch auf der neuen Erde.

So einfach ist das.

Wenn die alte Welt vergeht, wird sie in Chaos versinken. Großes Wehklagen wird herrschen.

Habe keine Angst, nur völlig unbewusste Menschen werden in der alten Welt bleiben. Bewusste Menschen steigen mit der Erde auf, das ist so vorherbestimmt.

Die neue Erde wird von bewussten, ehrlichen und liebevollen Menschen bevölkert werden. Nicht viele werden anfangs da sein.

In der alten Welt werden die Menschen weiter ihre Erfahrungen in der Dichte machen dürfen, bis auch sie soweit sind aufzuwachen und aufzusteigen.

Belehre sie nicht aus einem falschen Hilfsbedürfnis heraus. Lass alle Menschen ihren vorbestimmten Weg gehen. Sie müssen diese Erfahrungen noch machen, um zu wachsen und zu reifen. Das ist gut so, nur dann kann ein Mensch wieder in seine ursprüngliche Größe hineinwachsen.

Kümmere du dich lieber um dich selbst, damit hast du Weißgott genug zu tun.

Räume bei dir gründlich auf, schmeiß deinen Ballast über Bord und fülle dann dein leeres Gefäß mit der Wahrheit und mit der Liebe.

Wenn du deine Schwingung so gut oder sooft wie möglich hochhalten kannst, dienst du der Menschheit weitaus mehr, als wenn du als Prophet durch die Lande ziehst.

Erstens verstehen sie dich nicht und zweitens würden sie dich nur bekämpfen und das wiederum erzeugt eine niedrige Energie, die niemanden etwas nützt.

Das ist dann so ähnlich wie: Perlen vor die Säue werfen.

Oder einen Samen auf einen harten unbearbeiteten Boden legen. Daraus wird nichts wachsen. Erst wenn die Erde vorbereitet wird, gelockert und gedüngt ist, wird der Same keimen.

Menschen die "zu" sind, werden auch nichts hören und verstehen was du ihnen sagen willst. Wenn sie unbewusst sind, kommt nichts an. So ist das.

Vergiss nicht, wie es damals Jesus erging, das Ende kennst du ja. Heute ist es noch kein bisschen anders als damals.

Das Wichtigste überhaupt ist die Schwingung. Wenn viele von euch eine hohe Energie erzeugen, steigt die Energie der Erde mit an und umso schneller steigt die Erde auf.

Immer wenn ihr die bedingungslose Liebe lebt, hebt sich die Energie.

Geht raus aus dem ewigen Kampf mit euren Mitbewohnern oder den "noch Regierungsvertretern"

Eure wahre Macht ist eure Liebe.

Macht sie platt mit eurer Liebe.

Das ist die beste und wirkungsvollste Waffe. Ich sage nicht, dass ihr solche Menschen die euch ausbeuten und wirklich nur schlechtes für euch tun, lieben sollt. Das wäre scheinheilig und es geht auch nicht.

Nein, lebt die Liebe in eurem Alltag.

Seid liebevoll zu eurer Familie, schenkt dem Kassierer im Laden ein herzliches Lächeln, helft spontan doch mal dem älteren Nachbarn im Garten oder grüßt einfach mal ganz fremde Menschen. Macht es wie die Sonne, das hebt ungemein die Energie.

So und ich zeige dir jetzt wie du mit den "Anderen" umgehen kannst.

Mit den ganzen Bösen auf dem Planeten, den Journalisten die dich anlügen, der Pharmaindustrie die dir Produkte verkauft, die dich noch mehr krank als gesund machen, den Regierungsvertretern, denen nur an deinem Geld gelegen ist ebenso wie natürlich den Bänkern und natürlich allen Medien die diese Lügenmaschinerie nur noch unterstützen und sie verbreiten.

Wer sich jetzt denkt: "Harter Tobak was der Sandalphon da vom Stapel lässt! Aber so pauschal kann man es nicht sagen, alle sind doch nicht schlecht."

Ja da hast du natürlich recht, es gibt ein paar wenige Regierungsvertreter die nicht zu dieser Kategorie gehören. Weißt du an was du sie erkennen kannst? Das sind diejenigen die von den Medien und dem großen Teil der anderen Politikern, in die Pfanne gehauen werden, oder sie leben schon bei uns in der geistigen Welt, weil sie "vorzeitig" zu uns von den Bösen geschickt wurden. Ich bin mir sicher du weißt gleich wen ich meine.

Solltest du jetzt ein Unwohlsein spüren und nicht ganz dem zustimmen was ich sage, dann empfehle ich dir, dich noch ein bisschen mit der Wahrheit zu beschäftigen. Dann solltest du nochmal gründlich deine Festplatte löschen. Da wird noch einiges an Gehirnwäsche gespeichert sein, das nicht zu dir gehört.

So gehst du mit den "anderen" Menschen um:

Ganz einfach: Du ignorierst sie, ebenso das was sie sagen oder machen.

Das ist deine wahre Macht.

Sie leben nur von deiner Energie. Immer wenn du ihnen deine Aufmerksamkeit schenkst, bekommen sie deine Energie.

Ignoriere sie total! Lese **keine** Zeitung, schau **keine** Nachrichten und sprich mit niemandem über die politischen Ereignisse. Ignoriere das alles. Dreh ihnen den Rücken zu. Sag dir einfach: Es ist mir egal was die alles treiben. Das ist nicht ***mein*** Spiel, es ist ***ihr*** Spiel.

Spiel nicht mehr mit denen, dann bist du aus deren schlechter Energie raus.

Wende dich konsequent ab. Meide alles, was dich mit diesen schlechten Energien in Verbindung bringt, dann bist du frei und sie haben keine Macht mehr über dich.

Habe keine Angst vor denen. Sei mutig. Vermeide so gut es geht, jegliche Rechtsstreits. Unterschreibe keine Petitionen.

Führe ein gutes Leben. Wenn du kein Fleisch aus Massentierhaltung isst, brauchst du auch keine Petition dagegen zu unterschreiben.

Wenn du nur Bio-Lebensmittel isst, brauchst du auch keine Petition gegen das Bienensterben zu unterschreiben.

Sei einfach liebevoll zu dir und zu den anderen Mitbewohnern dieser wunderschönen Erde. Achte die Schöpfung sie ist wunderschön. Sei achtsam mit allem was du tust, alles hat eine Auswirkung, nicht nur unmittelbar auf dich, sondern auch auf viele andere Menschen und Lebewesen. Sei achtsam bei jedem Einkauf, überlege gut, was es für eine globale Auswirkung hat, wenn du einkaufen gehst."

Sei achtsam in welcher Energie du dich bewegst.

Versuche immer wieder die höhere Frequenz zu erreichen

"Das was ich dir jetzt erzähle, ist das Wichtigste für die nächste Zeit, kurz vor oder während des Aufstiegs.

Es geht einzig und alleine nur um die Energie, die du aussendest, bzw. in der du dich bewegst.

Überlege dir immer zweimal, ob, da wohin du gehen willst, auch eine gute Energie herrscht.

Höre auf dein Gefühl. Wie fühlt es sich an, wenn du an den bevorstehenden Termin denkst? Wenn du dich tierisch freust, dann ist alles in Ordnung. Graut es dir dagegen schon Wochen vor dem Termin, dann ist die Sache ganz klar: Geh einfach nicht hin! Wirf die ganzen Konditionierungen über Bord. Es gibt kein Zuchthaus, wenn man die Verwandtschaft am Sonntag nicht besucht, es passiert auch rein gar nichts, wenn du zum Besuch der Oma nicht kommst, und wenn du deinen eigenen Geburtstag nicht feierst, weil du keine Lust dazu hast, wird sich ganz sicher die Welt weiterdrehen!

Versuche wirklich die Prioritäten so zu setzen, dass es immer **dir** als aller erstes gut dabei geht.

Wenn du glaubst, dass "**man**" halt irgendetwas so macht, und nicht verstehst, dass das alte Programme sind, wird es Zeit endlich auszubrechen aus diesem System.

Wie sieht es aus, feierst du immer noch Weihnachten und suchst Ostereier? Kein Problem, wenn es dir wirklich richtig

Spaß macht, schön zu dekorieren und die Familie zu bewirten und tagelang den Bauch zu füllen. Dagegen wenn es dir schon Wochen vorher graut, dann lass es sein. Schaff diese heidnischen Bräuche ab und leg dich aufs Sofa und freu dich deines Lebens. So einfach ist es. Meinst du denn wirklich, irgendjemand gibt dir etwas dafür, dass du in deinem Leben immer nur die Erwartungen anderer erfüllst?

Die Folge dieses nicht "echten" Lebens ist klar: Du bist unzufrieden, wirst sicherlich keine gute Energie aussenden und das Ergebnis ist meist Krankheit. Lass es nicht soweit kommen.

Du musst dich **jetzt** entscheiden:

Auf der neuen Erde kannst du nur leben, wenn du dich wirklich vollkommen frei machst. Wenn du **dein** Leben lebst, wenn du immer das tust, was **du** willst, und nicht was deine Eltern, Kinder, Ehemann oder irgendein Regierungsbeauftragter will.

Dreh ihnen allen den Rücken zu und werde egoistisch.

Das solltest du jetzt immer tun:

Lebe deinen Tag mit einer liebevollen Intention."

Eine Praxisanleitung um deine Schwingung zu erhöhen.

Praxisnahe Tipps

"Wenn du spürst, dein Energiepegel fällt, handle sofort.

Das kann passieren, wenn du müde oder hungrig bist oder ein anderes ungutes körperliches Gefühl hast, vielleicht sogar einen Schmerz.

Kümmere dich umgehend darum, damit dein Energieniveau gleich wieder steigt. Lege dich hin oder esse etwas, ganz nach deinem Bedürfnis.

Es macht wenig Sinn über die Kraft hinauszugehen, damit sinkt automatisch die Energie. Das tut dir nicht gut.

Wenn du krank wirst, solltest du dich fragen:

Was in aller Welt mache ich auf einer Bewusstseinsebene, wo so etwas Wirklichkeit ist?

Ja du hast richtig gehört: Auf einer hohen Bewusstseinsebene, in der die bedingungslose Liebe gelebt wird, gibt es keine Krankheiten, keinen Mangel, keine Not oder Leid.

Folglich ist es für dich nur wichtig, immer und immer wieder nach einem "Absturz" in niedrige Ebenen, wieder raufzukraxeln.

Denn da ist alles fein.

Versuche herauszufinden, was deine Energie erhöhen kann. Es gibt so viele Möglichkeiten:

Spazieren gehen, gutes Essen, Tee, Kristalle, Sauna, Massage, Fußbad, Meditation, gute Musik und noch sehr sehr vieles mehr.

Versuche sooft wie möglich Dinge zu tun die dir guttun, somit bist du der neuen Erde schon sehr sehr nah."

Sandalphon rollte sich aus der Hängematte und stand auf. Gut, dann wird es wohl Zeit zu gehen.

Sandalphon nahm mich an die Hand und sagte zu mir: "Paula jetzt zeig ich dir was, da wirst du dich sehr freuen!"

Uiiiiiii bin ich gespannt!

Hand in Hand marschierten wir los. Über die schöne Blumenwiese mit vielen verschiedenen Wildblumen, unter schattenspendenden Bäumen. Manche Bäume hatten Früchte, andere nicht. Jedes Mal, wenn ich eine Frucht zwischen die Finger bekam, steckte ich sie mir sogleich in den Mund. Das war ein Traum, so viele verschiedene Geschmacksnuancen!

Nach einer Weile kamen wir in einen Wald. Und was für einen!! Die Bäume waren quasi alle Urwaldriesen. Dagegen sehen unsere heimischen Wälder in der alten Welt aus wie Büsche. Ich habe das ja noch nie in echt gesehen: Wenn man vor solchen Mammutbäumen steht, schaut man aus wie eine Ameise. Das ist lustig, aber auch sehr sehr beeindruckend.

Nach ca. 10 Minuten Fußmarsch waren wir auch schon wieder aus dem Wald draußen. Ich wurde schon immer kribbeliger, was gab, es denn jetzt noch Tolleres zu sehen als das ich schon erleben durfte?

Ich meine, mal ganz ehrlich: Eine unbeschreibliche, unberührte Natur mit Pflanzen, die es wahrscheinlich auf unserer Erde gar nicht gibt zu sehen, und Tiere zu streicheln, die bei uns in Europa nur im Zoo hinter Gitter zu sehen sind, ist schon ganz schön abgefahren.

Was sollte denn da jetzt noch kommen?

Wir marschierten Hand in Hand weiter, bis zu einer Hütte. Eine einfache Holzhütte, so ähnlich wie sie oft in Schrebergärten zu sehen sind, nur vielleicht doppelt so groß. Vor der Hütte war eine Terrasse aus Holz mit Holztisch und Stühlen im rustikalen Stil. Sehr schlicht und einfach.

Na ja dachte ich mir, jetzt bin ich mal richtig gespannt.

Wir setzten uns hin, erwartungsvoll sah ich Sandalphon an.

Er lachte lauthals:"Jetzt muss ich keine Gedanken lesen können, dein Gesicht spricht Bände!" Er hörte gar nicht mehr auf zu lachen. Das Lachen war so ansteckend, dass ich auch lachen musste. Als wir uns nach einiger Zeit beruhigt hatten, wandte sich Sandalphon mir wieder zu:

"Weißt du Paula, jetzt habe ich dich auf die neue Erde navigiert, über einige Wege und Brücken. Ich habe dir und den Menschen da draußen ein kleines Stück der neuen Welt gezeigt, aber noch lange nicht alles.

Fertig ist sie erst, wenn ihr sie bevölkert. Wenn Menschen da wohnen und ihr Leben dann hier gestalten."

Jetzt konnte ich mich aber nicht mehr zurückhalten und musste ganz einfach fragen:"Ja wo ist sie denn die neue Erde, sind wir schon da?"

Wieder grinste er, weil er sah, dass ich gleich platzen würde vor Neugierde:"Ja meine liebe Paula, wir sind schon sagen wir einmal, ein bisschen da"

Bei mir im Kopf sah ich nur Fragezeichen.

"Der Spaziergang war ein kleiner Vorgeschmack auf das was euch Menschen erwartet. Du durftest ein bisschen hineinschauen ins Paradies, damit du und die Menschen, denen du davon erzählen wirst sich freuen können welch wunderschönes Plätzchen euch erwartet.

Ich möchte dir jetzt zeigen, wie du ganz leicht hierherkommen kannst, jeder Zeit wann immer du willst.

Schließe deine Augen.

Atme gaaaaaaaaaaanz tief in den Bauch ein und

gaaaaaaaaaanz langsam wieder aus.

Und noch einmal: Langsam einatmen und langsam ausatmen.

Mach einfach so weiter."

Plötzlich wurde ich ganz ruhig, ich war gedankenleer.

Es war ganz friedlich, so wunderbar und ganz unbeschreiblich. Ich kenne sehr wohl hohe Bewusstseinsebenen, aber das eben erlebte Gefühl war wirklich krass.

Es kam noch besser.

"Jetzt gehst du in Resonanz zur bedingungslosen höheren Liebe, verbindest dich mit Mutter Erde und mit der Urquelle."

Ich tat es wie mir aufgetragen und saß immer noch mit geschlossenen Augen und tief atmend auf dem Holzstuhl auf der Terrasse.

Da war plötzlich ein so unbeschreibliches Gefühl von Liebe in mir, wie ich es vorher noch nie erlebt hatte. Jede Zelle meines Körpers war Liebe. Ich hatte das Gefühl, dass ich gar nicht mehr atmete, oder besser gesagt, dass ich gar nicht mehr existierte. Nur ein ewiges Sein, ohne Anfang und ohne Ende!

Für diesen Zustand gibt es keine Worte, die nur annähernd beschreiben könnten, was da in mir vorging. Oder doch: Nichts, einfach nichts. Herrlich, keine Gedanken nur Sein! Echt wirklich cool!

Ich hätte so bis an das Ende meiner Tage sitzen können. Ich glaube von mir aus hätte ich die Augen nie mehr geöffnet... Wenn nicht Sandalphon wieder zu reden begonnen hätte:

"Paula mach mal deine Augen wieder auf."

Uiiii!!!!!!!!!!!! Und jetzt wurde es echt krass!

Ich weiß gar nicht wo ich anfangen soll. Vielleicht bei der Farbe. Der Himmel hatte eine andere Farbe auch die ganze Landschaft. Aber ich weiß nicht wie die Farbe heißt, denn sie gibt es bei uns nicht.

Dann schaute ich mich um und glaubte meinen Augen nicht zu trauen. An der Hauswand stand noch eine Holzbank und wer saß auf der Bank?

Meine vor 7 Jahren verstorbene Oma. Ich setzte mich neben sie und umarmte sie eine gefühlte Ewigkeit lang. Meine Oma war einer meiner wichtigsten Menschen in meinem Leben. Ich freute mich so, dass ich gleich in Tränen ausbrach.

Eigenartig war nur, dass ich das in dem Moment gar nicht komisch fand, sondern es war völlig normal. Erst jetzt finde ich es sehr seltsam.

Es war so, als ob sie gar nicht gestorben wäre.

Sandalphon erklärte: "Wenn die Menschheit aufsteigt, lichten sich die Schleier und die Trennung ist aufgehoben. Das habt ihr doch mal in der Schule gelernt, oder? Die Auferstehung der Toten oder so ähnlich?" Er grinste verschmitzt.

Das ist ja der Hammer, dachte ich bei mir. Wenn wir uns dann schon in Kürze wieder alle sehen. Mir schoss es durch den Kopf wen ich, da denn alles wiedertreffen würde. Wieder kullerten mir die Tränen runter. Im Laufe meines Lebens musste ich schon einige Menschen zum Friedhof begleiten und Abschied nehmen. Dann freute ich mich so richtig, eine schöne Aussicht!

Ich unterhielt mich mit meiner Oma, als ob alles ganz "normal" wäre. Ich möchte es noch einmal betonen, mir kam wirklich nichts komisch vor.

Dann setzte sich Sandalphon zu uns auf die Bank und fing zu erzählen an:

"Liebe Paula, ich erzähle dir jetzt von dem Leben auf der neuen Erde. Hör gut zu und merke dir alles. Wenn du wieder Zuhause bist, sollst du die Botschaft aufschreiben und so vielen Menschen wie nur irgendwie möglich zur Verfügung stellen."

So schaut sie aus die neue Erde

Der Alltag auf 5 D

"Ein bisschen was hast du schon selber sehen dürfen. Aber ich will dir etwas über das Leben erzählen auf 5 D. (5 D = 5. Dimension)

Euer Leben wird ganz einfach sein. Ihr müsst nicht mehr in die Arbeit gehen, um Geld zu verdienen. Ihr seid Schöpfer und könnt eure Realität erschaffen. Darin werdet ihr wahre Meister, wenn ihr ein bisschen geübt habt. Ihr möchtet etwas, dann erschafft ihr es euch, ganz einfach.

In dieser Schwingungsfrequenz ist das kein Problem mehr.

Die Menschen auf 5 D sind friedlich, sie führen natürlich keine Kriege. Ihr braucht keine exekutive Gewalt mehr. Ihr braucht keine Gesetze mehr, keine Haustürschlösser und keinen

Banksafe mehr. Ach ja und Banken braucht ihr sowieso nicht mehr, denn es gibt kein Geld mehr. Also kannst du getrost in deiner alten Welt noch alles auf den Putz hauen, wenn du "umziehst" brauchst du keine Moneten mehr.

Wisst ihr auf der neuen Erde gibt es kein "mein" und "dein" mehr. Alles ist eins. Allen gehört alles. Nein es ist keine neue Form des Kommunismus! Es ist einfach von allem mehr als genug da. Die Menschen handeln alle aus reiner Liebe heraus, da gibt es keine Trennung.

Wenn die Menschen gelernt haben, dass sie nicht voneinander getrennt sind, und es keinen Unterschied macht, ob sie sich selber etwas Gutes tun oder ihrem Nachbarn, geht es plötzlich allen gut.

Jeder ist für jeden da. Bedingungslos, ohne Bezahlung, einfach nur so.

Um der Liebe willen.

Je nachdem welche Begabung ein Mensch hat, dementsprechend wird er sich eine Beschäftigung suchen. Wenn einer gerne im Garten arbeitet, wird er jemandem der lieber Häuser baut, mitversorgen. Ein Anderer schneidert gerne, der nächste bereitet lieber das Essen zu. So entstehen wieder Tauschgeschäfte.

Aber, und jetzt kommt es:

Nicht so oder so ähnlich wie es bei euch üblich war ***bevor*** ihr euer Geld eingeführt habt. Also echtes Tauschen, das praktisch Güter mit demselben "Wert" tauscht.

Nein, in der neuen Welt gibt es keine Wertangaben. Das braucht man da nicht. Jeder lebt und gibt aus dem Herzen. Niemand "berechnet" irgendetwas und niemand steht in irgendeiner "Schuld".

Es ist von allem mehr als genug da. Man nimmt sich einfach das, was man braucht. Wenn der Mensch wieder bewusst ist, wird er automatisch auch nicht mehr nehmen als er braucht. Somit werden automatisch die Ressourcen geschont. Es wird auch nichts weggeworfen.

Natürlich werden auch keine Güter mehr importiert. Durch die sehr milden klimatischen Verhältnisse gedeiht ein riesiges Angebot an Früchten und Gemüsen. Paula du hast ja schon einiges probieren dürfen.

Es ist von allem mehr als genug da. Es herrschen paradiesische Zustände!

Eure Körper sind wieder in einem gesunden Zustand. Ihr fühlt euch sehr jung und agil. Solltet ihr einmal aus dem Gleichgewicht kommen, habt ihr Menschen in eurer Gemeinschaft, die sich mit Heilung auskennen und euch sehr schnell wieder gesund machen. Diese Heiler sind weise Menschen, die wissen mit Hilfe von Energie und Pflanzen, euren Körper wieder zu reparieren. Heilung funktioniert auf dieser Bewusstseinsebene ganz anders, als ihr es bis jetzt gewohnt seid. Da dreht sich alles um Gesundheit und nicht wie in eurem System um Krankheit. So wie es bei euch "Krankenhaus" heißt. Hier auf der neuen Erde gibt es zum Beispiel Heilgärten. Indem ihr einen bestimmten Weg durch die Heilpflanzensammlung nehmt, bekommt ihr Heilenergie. Das könnte man auch Heilung im "vorbeigehen" nennen." Sandalphon lächelte verschmitzt.

Tja und Energie ist auch kein Thema mehr. Ihr werdet über die hochtechnologischen Geräte, die es hier gibt. sehr erstaunt sein. Ihr könntet auf eurer alten Erde auch schon sehr viel weiter sein, was den technologischen Fortschritt betrifft. Ihr seid seit dem 1. Weltkrieg völlig stecken geblieben. Die großen Erfindungen wurden alle schon viel früher gemacht, aber seitdem, tretet ihr regelrecht auf der Stelle. Na ja ist ja auch klar, ihr werdet permanent ausgebremst und klein gehalten von den sogenannten Regierungsvertretern. Alles Manipulation! Die wirklich fortschrittlichen Innovationen liegen alle in Schubladen und werden geheim gehalten.

Fortbewegung ist natürlich völlig ohne Emissionsausstoß möglich. Ebenso könnt ihr teleportieren, das heißt ihr könnt euch an einem Ort "Entmaterialisieren" und am Zielort wieder "zusammensetzen". Wer schon mal Raumschiff Enteprise gesehen hat, weiß wie beamen geht. Das ist keine Erfindung Hollywoods.

Freut euch wirklich, ihr habt auf der neuen Erde paradiesische Zustände.

Die Luft, das Wasser und die ganze restliche Natur sind völlig sauber und rein. Und es bleibt auch so. Bewusste Menschen verschmutzen nicht ihre Lebensgrundlage. Bewusste Menschen kümmern sich auch um die anderen Mitbewohner der Erde. Allen soll es gutgehen. Dann ist es für alle ein Paradies und bleibt es auch.

Nichts mehr ist unmöglich.

Ihr entdeckt wieder eure Gedankenkraft. Ihr könnt alles erschaffen, in Windeseile. Das wird euch so Spaß machen, dass ihr am Anfang in einen richtigen "Konsumrausch" geratet. Wenn ihr das mal gelernt habt wie das funktioniert, macht es richtig Spaß. Nach einer Zeit stellt ihr dann fest, dass ihr nichts auf "Vorrat" erschaffen müsst.

Alle Tiere leben frei. Es gibt keine Ställe mehr oder Zäune. Manch einer wird viele Tiere haben, andere wieder nicht. Jeder so wie er es will.

Alle Türen sind offen. Jeder kann jederzeit kommen und gehen, wann er will. Ja es gibt natürlich auch private Rückzugsorte, das wissen die anderen Bewohner und respektieren das natürlich.

Auch kauft man sich kein Haus mit Grundstück mehr. Vielmehr sucht ihr euch ein Haus aus, das ihr gerne hättet. Wenn Behausungen leer sind, werden sie eben von Menschen bezogen, die eine Bleibe suchen. Wenn sie gerne woanders wohnen möchten, dann ziehen sie wieder um. Dann ist wieder ein Haus frei für einen anderen Interessenten. Kein Kaufvertrag, keine Banküberweisung und kein Notartermin. So einfach ist das.

Manchmal ist es auch so, dass zum Beispiel noch junge Leute für eine kurze Zeit eine Bleibe suchen, dann wohnen sie vielleicht nur kurz in einer Wohnung, das ist dann so ähnlich wie bei euch die Mietwohnungen.

Nur geht es in der 5. Dimension wesentlich leichter:

Ihr zieht einfach ein und wenn ihr nicht mehr wollt, zieht ihr wieder aus. Es ist für bewusste Menschen einfach selbstverständlich, dass sie alles wieder so verlassen wie sie es vorgefunden haben.

Die Baustoffe bestehen auch aus völlig anderen Materialien als ihr sie jetzt kennt. Das kann ich nicht erklären, denn so etwas könnt ihr euch mit eurem Bewusstsein noch nicht vorstellen. Da repariert sich vieles von ganz alleine. Das ist alles nicht so kompliziert wie ihr das jetzt kennt. Lasst euch einfach überraschen.

Ich möchte zum Abschluss noch etwas zum Übergang erzählen."

Der Aufstieg der Erde und seiner Bewohner

Das Ereignis

"So meine liebe Paula, dann erzähl ich dir noch was wie es ablaufen wird, wenn ihr hinüberrückt.

Dieser Übergang vollzieht sich ja schon sehr lange. Die Energien steigen ja stetig seit vielen Jahren an. Wenn ein gewisser Punkt erreicht ist, also eine gewisse kritische Masse, dann wird der letzte Ruck vollzogen werden.

Wann das sein wird, hängt ganz von euch ab.

Was nichts anderes heißt, dass irgendein Mensch der erwacht, das Zünglein an der Waage sein wird, oder der letzte Tropfen der das Fass zum Überlaufen bringen wird. Und dann wird es lustig.

Da kann ich nur sagen: Anschnallen jetzt gehts rund!

Eines Tages stehst du auf und gehst ins Bad und siehst dann eigenartige Formen und Farben, die du vielleicht noch nie gesehen hast, ähnlich einem LSD-Trip. Falls du noch nie LSD genommen hast, dann stell dir einfach Kreise vor, die sich zusammenziehen und dann zu einer 8 werden, dann wieder zu einem Oval. So ähnlich schaut das aus. Hab keine Angst, freu dich, das ist ein Zeichen, dass es losgeht.

Wenn du Vorhänge hast, dann ziehe sie zu, und falls du Rollladen hast, lasse sie herunter. Bleibe im Haus und sieh nicht nach draußen, das könnte dir Angst machen. Es wird auch dunkel werden. Aber es geht vorbei. Du wirst wissen wann du wieder heraus kannst, um dich umzusehen.

Anfangs sieht es noch nicht so ganz anders aus als jetzt. Es muss sich erst mal richtig materialisieren. Das ist auch ein Prozess. Du wirst es auf alle Fälle merken, dass jetzt alles anders ist. Du wirst dich anfangs auch ein bisschen komisch fühlen, das ist auch normal.

Wenn du mit dem Flugzeug nach Australien fliegst, hast du auch ein paar Tage mit dem Jetlag zu kämpfen.

Wichtig ist nur, dass so viele Menschen wie möglich wissen was kommt, damit sie nicht in die Angst verfallen. Du erinnerst dich, was ich dir zum Thema Angst erzählt habe.

Bleib einfach ruhig und cool und stehe anderen Menschen bei, die vielleicht unsicher sind. Aber bleibt im Haus und schaut nicht hinaus. Ihr müsst wissen Menschen, die unbewusst sind, die noch nie etwas von einem Aufstiegsszenario gehört haben werden in Angst und Schrecken versetzt werden. Diese Menschen haben noch nie ihre Ängste oder andere Gefühle aufgelöst und werden dementsprechend panisch reagieren.

Deshalb sollst du nicht hinaussehen, damit du nicht in die Dramen hineingezogen wirst.

Es wird geraten für eventuelle Katastrophenfälle Lebensmittel, Trinkwasser, Benzin und andere nützliche Dinge im Haus zu haben. Das kann auf alle Fälle nicht schaden einen Vorrat für 3 Wochen im Keller zu haben. Denkt immer daran in eurer globalisierten und hoch technisierten Welt reicht ein ganz kleines Sonnenstürmchen aus und ihr habt mal ganz locker für ein paar Monate keinen Strom. Wenn du dich dann gerne mit deinen Mitmenschen um das letzte Knäckebrot prügeln willst, dann brauchst du dir keinen Vorrat anzulegen! Das musst du selbst entscheiden.

Speziell für den Aufstieg brauchst du keinen allzu großen Vorratsschrank. Wenn du für ein paar Tage sauberes Wasser und bisschen was zu essen hast, das dürfte reichen. Wahrscheinlich bringst du eh keinen Bissen hinunter vor lauter Aufregung." Sandalphon lachte wieder lauthals!

"Es gibt einige Völker die noch auf eurer alten Erde leben, eines davon sind die Kogis, die wissen genau wie die letzten Polsprünge abgelaufen sind, da sie dieses Wissen überliefert haben. Sie haben schon seit Jahren vorgesorgt und sich Behausungen mit Naturmaterialien gebaut, weil sie wissen, dass alles "nicht natürliche" den Übergang nicht schafft. Beispielsweise Plastik.

Jetzt kannst du dir vorstellen was mit eurer Wärmedämmung passiert oder dem modernen Mobiliar! Da wird die tolle Villa schnell mal zu einem Haufen Müll. Bisschen Spaß muss sein... Aber im Ernst, es werden wirklich nur noch die Naturmaterialien in der 5. Dimension da sein. Vielleicht wäre es auch ratsam sich in der nächsten Zeit mit Baumwolle oder Hanf zu bekleiden und nicht mit Polyamid!"

Sandalphon bog sich vor lachen. Das Lachen war ansteckend. Ich musste mir auch bildhaft vorstellen wie die meisten nackig oder vielleicht nur noch mit Socken bekleidet ankommen. Na ja, ist ja nicht so schlimm im Paradies nackig zu sein. Echt lustige Vorstellung. Das kann ja heiter werden. Wir leben echt in voll spannenden Zeiten. Es kann ja jederzeit soweit sein, wenn ich das richtig verstanden habe.

Sandalphon der alte Gedankenleser antwortete prompt: "Ja jederzeit! Sobald das bestimmte Energieniveau erreicht ist, geht es los."

Schlusswort

von Erzengel Sandalphon

"Zum Schluss", sagte Sandalphon, "kommt immer das Beste!"

Ein breites Grinsen erhellte sein liebes Gesicht.

"Ich gebe dir jetzt den Schlüssel zum Paradiestor, damit du jederzeit wieder herkommen kannst.

Damit bist du in der Lage zu jeder Tages- und Nachtzeit auf der neuen Erde herumzuspazieren. Dann kannst du wieder die Tiere streicheln, die Früchte essen oder ein Schwätzchen mit deiner Oma halten.

Vorher möchte ich noch einmal ein paar "Verhaltensregeln" wiederholen, die du tunlichst einhalten solltest in diesen stürmischen Zeiten:

- Halte dich fern und auch heraus aus den Dramen anderer Menschen und des Weltgeschehens.

- Mach nur (oder sooft wie möglich) Dinge die dir wirklich Spaß machen.

- höre nicht auf das Geplapper in deinem Kopf, vor allen Dingen handle nicht nach den Anweisungen des Egos.

- helfe sooft und so gut du kannst anderen Erdenbewohnern, sehe dich nicht getrennt von ihnen, denn das bist du nicht. Alles ist mit allem verbunden.

- das Allerwichtigste: Lache viel und bringe so viele Menschen wie möglich zum Lachen.

So meine liebe Paula und jetzt bekommst du den Schlüssel zum Paradiestürchen:

Das ist die bedingungslose höhere *Liebe*

Sie ist der Generalschlüssel.

Damit geht das große Tor auf, das zur 5. Dimension führt.

Damit kannst du auch die Herzen der Menschen aufschließen die dir begegnen.

Immer wenn dir ein Mensch oder anderer Erdenbewohner gegenüber steht, kannst du sein Herz öffnen.

Das ist der Generalschlüssel, er passt für jedes Herz.

Hiermit bekommst du den schönsten Auftrag den es gibt:

Bringe die Liebe zu den Menschen und öffne ihre Herzen,

damit sie wieder *lieben* können.

Etwas Schöneres oder sogar wichtigeres gibt es nicht zu tun.

Das ist dein Job.

Trage diese Botschaft zu den Menschen, damit die *Liebe* und der Frieden wieder auf Erden herrschen.

Dann ist das Paradies wieder auf der Erde, so wie es ursprünglich gedacht war.

Ich grüße euch alle aus der Urquelle mit all meiner *Liebe*,

bald sehen wir uns wieder.

Euer Sandalphon"

Schlusswort

von Paula Himmelreich

Ich bin zutiefst berührt, Tränen kullern wieder...

Ich möchte die liebevolle Energie von Sandalphon nicht kaputt reden.

Dem ist nichts hinzuzufügen.

Ein Teil meines Jobs ist hiermit erledigt. Die Worte sind aufgeschrieben.

Danke lieber Sandalphon für deinen Spaziergang mit mir.

In diesem Sinne:

Den Generalschlüssel habe ich eingesteckt -

... falls du mitkommen willst, auf die neue Erde...

Namaste

Deine

Paula Himmelreich

Printed in Poland
by Amazon Fulfillment
Poland Sp. z o.o., Wrocław

54725143R00070